精神科醫師的
輸入與輸出學習法

ムダにならない勉強法

精神科醫師
樺澤紫苑 著
Zion Kabasawa

郭子菱 譯

晨星出版

前言

別再做無謂的學習了

「即便學習，也不覺得自己真的有學會。」

「明明有在學習，卻一丁點兒也沒有實際感受到效果。」

「明明有在學習，卻完全沒有讓自己成長。」

「即便學習，在公司內部的考核和薪水也沒有提升。」

你是否也這麼想呢？

有些很愛學習的人每個月會看數十本書，倘若詢問這類人說：「請告訴我最近閱讀的書籍當中覺得很優秀的書」對方也只會說：「呃……」就吐不出下一個詞彙了。縱使好不容易想出了書的書名，一旦接著問：「那你從這本書中學到了什麼呢？」對方也會馬上無語。

無法向他人說明就代表沒有學會，明明每個月都花上數萬日圓、數十個小時去看數十本書學習，卻等同於什麼都沒學到，浪費時間、浪費金錢、浪費勞力……。**有在學習卻得不到滿意結果的人，毫無例外，都是在進行「無謂的學習」**。

儘管每個月都花數十個小時，但卻進行這種「無謂的學習」也只是在做白工。學習到的內容無法讓人付諸「行動」——倘若採用的是這種「無謂學習法」，自然就不會留存在記憶當中，也無法在工作與生活中派上用場。

愈是認真、踏實、孜孜不倦的人愈會不得要領，進行所謂非效率的「無謂學習」，這實在太讓人惋惜了。

成人的學習關鍵在於「效率」

你的職場中是否有著所謂讓人感到費解的「精明的人」呢？平常看起來也不像是很熱情學習的樣子，倒不如說這類人玩樂的時間還比較長。然而，當上司問問題時，他們總能瞬間引用正確的數據和最新的統計數值、具體案例等等，使上司信服，一口氣掌握上司的信任與工作上的功績。

無論哪一間公司裡，都有看起來沒在學習、沒在努力卻很精明的人，這樣的人會深受上司信賴，也能盡早出人頭地。而你和「精明的人」究竟有哪裡不同呢？我認為是「學習的效率」不同，「精明的人」都在進行效率良好的「非無謂學習」。

你每天都被工作追著跑，過著忙碌的日子。在這般忙碌的生活當中，你會善用零碎時間，將學習安排在早晨和下班後這段真正的寶貴時間進行。而大人和考生不一樣，沒有辦法在一天之中空出好幾個小時的學習時間，因此必須要「有效率」使用一天一小時或是數小時的短時間來學習。時常做無謂學習的人會成為「人生的失敗者」，而掌握要領、學習效率絕佳的人會成為「人生的勝利者」。

成人的學習，關鍵在於「效率」。

不花時間，在最短時間內發揮最大效率，讓學習與「工作的結果」、「自我成長」有直接關係。本書所告訴你的「非無謂學習法」即可實踐此事。

集「教授四十萬人的經驗」於大成

「沒有教授過他人學習的精神科醫生能夠闡述學習方法到何種程度啊？」我想，應該不少人抱有這樣的疑問。在此，我想要回顧我過去至目前為止有多少「教學」經驗。

首先，我在醫學院就學的六年間，曾經擔任補習班講師與家庭教師作為打工。大學一、二年級是在當地知名的補習班，兩年來都擔任一個班三十名國中生的導師，我每個星期都會教授同樣的學生兩次，就這樣持續兩年，簡直就像是班導師。當時我負責的是成績不好的班級，相當辛苦，但我卻深刻理解到「成績不好的孩子為何會成績不好」。

從大學三年級開始到六年級則擔任家庭教師，以高中生為對象教授數學、物理、化學等理科，總共教了超過十名學生，全員都上了他們期望的學校。由於我是一對一教學，得以將每個人如何對學習產生興趣、是在哪個時機點成績提升等此「教學」和「學習」的數據詳細集結起來。

在成為醫生之後，我也擔任了護校的講師五年左右，科目當然是「精神醫學」，每個星期會教授一次九十分鐘的課程，持續三個月左右，實在很辛苦。那時候，我非常講究要如何教學才能讓對方理解。要怎麼做才能順利闡述？當時的經驗成了我現在擔任演講者的基礎。

除了診療相關業務以外，我也負責舉辦以患者為對象的學習會、地區性的高齡者預防失智症演講會、前往高中和少年觀護所進行預防興奮劑演講會等許多講座。此外，我在札幌醫學大學的醫務室裡也就職了六年，曾負責指導臨床實習的醫學生、護校學生與研修醫生。

自從二〇〇七年設立了樺澤心理學研究所以後，便主要以作家和演講者的身分活動。至現在為止的這十年來，每個月都會舉辦二到四次的演講、研討會與研修會活動，總計已經舉辦三百次以上，累計參加人數則超過五千人。再者，二〇〇九年我以作家、講師為對象成立了學習會「Web心理塾」，每月舉辦一次研討會。時至今日，總共有超過八百名學生並培育出超過五十名作家。

我於二〇一六年開始推行社群網站「樺澤塾・精神科醫師的工作術」，用以學習有腦科學根據的工作技巧，現在共有超過六百名學生，主要人員為商業人士。我們不單單只是在網路上提供內容資訊，每個月還會舉辦交流會，直接見面進行指導。

如此這般，我曾經指導過國中生、高中生、大學生、醫學生、護校生、醫師、患者、地方居民、商業人士，甚至是在觀護所的青少年如何學習，各式各樣的職業、年齡者加起來超過五千人。不僅如此，我大多的演講和研討會都可以用影片的方式參與，若再加上用影片聽講的人，那可就遠遠超過一萬人。

近來，我幾乎每天都會更新我的Youtube頻道「精神科醫師・樺澤紫苑的樺頻道」，協助各位能夠簡單明瞭地學習精神醫學與心理學。我的頻道訂閱人數為一萬六千人，影片播放次數為四百四十萬次左右，觀看我影片的人數相當多。我還會運用網路雜誌、推特、臉書發布精神醫學相關的資訊，從二〇〇四年到現在的十三年來，我的累計追蹤數超過了四十萬人。

倘若在網路上提供資訊也算是「教學」活動的一環，那我累積教導過超過四十萬人「如何學習」，現實世界為五千人以上，網路為四十萬人以上。我想，對這麼多人進行「教學」的人是非常稀有的。

本書，可以說是集我個人「教學」超過三十年的經驗為大成。

只要改變「學習方式」，人生也會改變！

拿起本書的你現在應該正想辦法希望能打破自己面臨的現狀，你鐵定也早已發現「學習」或許能夠改變現實，這就是正確答案，你的直覺完全正確。

所謂的人類本來就是很喜歡學習、充滿好奇心的生物。若非如此，我們的科學與文化也不可能急速進展到現在的境界。**事實上每個人都是非常喜愛學習的，並有著讓自己猛烈成長的潛力。**

然而，由於日本這種「學習考試」的弊病導致人們對學習產生「厭惡感」、「不擅長」的想法，並被「自己頭腦很差」的自卑感給束縛。此外，人們不曉得正確的學習方法，不知不覺間做了很多無謂的學習，一直得不出成果，陷入無底泥沼的深淵——這就是現在的你。

不過，沒關係的，請你放心，多虧了腦科學與心理學的急速進步，我們已經得知在科學理論上正確且有充分研究數據佐證的「正確腦科學式學習法」。

我運用身為精神科醫生的知識來整理、分析龐大的研究數據，以「實踐」與「理論」兩者的角度來強力佐證教導四十萬人的經驗——這個學習法講求效率，能夠在短時間內得出充分的效果，又可以掌握成果，實際感受到個人的成長。

這就是本書想要告訴你的「非無謂學習法」。明明在忙碌的工作空檔中努力擠出時間學習，卻沒有得出成果，實在太可惜了！請務必藉由本書，學會「非無謂學習法」。

如果你能因此有所成長，人生變得更加充實、豐碩，那身為作者的我可沒有比這還要更令人開心的事情了。

精神科醫師的輸入與輸出學習法 目錄

前言……3
別再做無謂的學習了……3
成人的學習關鍵在於「效率」……4
集「教授四十萬人的經驗」於大成……5
只要改變「學習方式」，人生也會改變！……8

第1章 學習能夠獲得的五件事，以及你學習不順利的四個原因

大人藉由學習能夠獲得的五件事……32
「有學習習慣的人」VS「沒有學習習慣的人」……32
【能夠藉由學習獲得的事情1】學習可以使現實產生變化——「紅色膠囊理論」……33
學習能讓自己有所成長……33
學習的目的在於改變「行動」與「習慣」，進而改變「現實」……35

【能夠藉由學習獲得的事情2】成為人生勝利組——「社會人士重置理論」……36
學生的學習與社會人士的學習並不相同……36
「學習法」是人生的「必勝法」……37
將所有人生的「危機」轉變成「機會」的方法……38
從現在開始也趕得及下次的重置！……39
【能夠藉由學習獲得的事情3】發揮適性——「才能並不存在理論」……40
「沒有才能」只不過是藉口！……40
莫札特並非天才!?……41
找出「適性」比才能重要十倍……42
【能夠藉由學習獲得的事情4】壓倒性成功——「能幹者都在學習理論」……44
學習的部分會得出相對應成果……44
「大智若愚」法則……46
【能夠藉由學習獲得的事情5】自我成長，掌握幸福——「多巴胺幸福論」……49
人類只要自我成長就能感受到幸福……49

你學習不順利的四個原因……51
為何就算學習，也無法如想像那般得出成果？……51
【學習不順利的原因1】**「學習好痛苦，不快樂……」**……52
本來，學習是很快樂的……52
【學習不順利的原因2】**「不知道從何開始……」**……54
找出能夠最快得出結果的方法……54
【學習不順利的原因3】**「失去動力，無法繼續……」**……56
為何持續下去很困難？……56
【學習不順利的原因4】**「不知道要點……」**……58
「非無謂學習法」是必須的！……58
學習的第一步是知道「學習法」——「學習學習法」……59
「成績好的孩子」與「成績不好的孩子」最大差別在於？……59
決定去美國留學的我第一件做的事情是？……61
來學習學習法吧！……63

第2章 光是「有趣」就能活絡腦部
──精神科醫師的「大腦快樂學習法」

「喜歡」、「有趣」會提升效率──「大腦快樂學習法」……66
「頭腦好」只不過是結果……66
「喜悅」是油門，「辛苦」是煞車……67
「被迫感」是學習的最大敵人──「轉換辛苦與快樂的學習法」……69
何謂喜歡上學習的五個方法？……71
只要喜歡上學習，就能發揮顯著的效果……71
【喜歡上學習的方法1】**詢問喜歡學習的朋友……71**
點燃好奇心吧！……71
【喜歡上學習的方法2】**傾聽身旁專家的建議……73**
喜歡上不擅長的科目──物理的瞬間……73
【喜歡上學習的方法3】**閱讀喜歡學習的知名人物著作……75**
感受到「喜歡學習」的熱情……75

【喜歡上學習的方法4】去見喜歡學習的知名人物……77
直接傾聽，學習的深度會加深好幾倍……77
【喜歡上學習的方法5】加入「學習」的社群……79
重要的事物都是人生中的前輩教導我的……79

讓大腦開心、學習變有趣的四個方法——「大腦快樂學習法實踐篇」……82
得到「學習很快樂」的感受……82
【大腦快樂學習法1】將學習最大化——「微困難學習法」……83
「有三成不知道的事情」正好……83
【大腦快樂學習法2】持續下去很容易產生多巴胺——「勤勉學習法」……85
每天都勤勉學習，大腦就會開心……85
【大腦快樂學習法3】大腦也會因「獎賞」而開心——「記錄學習法」……87
光「記錄」就能得到這麼多效果……87
【大腦快樂學習法4】被他人感謝會成為最大的喜悅——「稱王學習法」……89
只要打造擅長的領域就會覺得工作上的學習很快樂……89

第3章
重置人生
——精神科醫師的「大人學習法四策略」

何謂大人學習法四策略？……94
大人學習與兒童學習的最大差異……94
【大人的學習策略1】找出長處和短處——「發展長處／克服短處學習法」……94
首先應該學習什麼呢？……94
累積成功經驗——「自信滿滿學習法」……95
工作就從「克服短處」開始——「不能逃走學習法」……96
進一步加速發展長處！——「多語言學習法」……98
具體來說，克服短處要「這樣」做——「無知之知學習法」……100
無法看見自己無知的原因……101
【大人的學習策略2】詳細制定目的與目標——「目標學習法」……102
我之所以能在一年內飛快提升我那毀滅級英語會話能力的原因是？……102
為何你想要學會說英文？……105
搜尋通往成功的最短路徑——「搜尋路徑學習法」……106

不能抱持著「總而言之」的心態學習！……107
【大人的學習策略3】學習的目的在於得到「體悟」──「《功夫熊貓》學習法」……109
「終極奧義」就在你心中……109
【大人的學習策略4】看清自己的階段──「守破離學習法」……111
何謂延續四百年的終極學習法？……111
不可以成為「離離離大叔」！……113
不知為何，愈是初學者，愈想了解高階技巧……114
你沒能成長的原因就在於此！──「符合守破離法則」……115
瞬間判斷出你是否「符合守破離」的方法……117
首先要知己──「孫子兵法學習法」……118

第4章 學習基礎是第一步
──精神科醫師的「模仿學習法」

「模仿」可以得到這麼多好處──「模仿學習法」……122

學習基礎，可以省去工夫與時間——「省略一百個小時學習法」……122
【模仿學習法1】**總之先試試看——「總之模仿學習法」**……124
反映在行動上是第一步……124
一步牽動進步——「小小一步會成為偉大進步學習法」……125
【模仿學習法2】**直率模仿——「《小子難纏》學習法」**……127
不抱疑問的直率會引導你成長……127
「直率」為終極的成功法則……128
【模仿學習法3】**靠自己「體悟」——「不問為什麼學習法」**……129
自己徹底思考，才會有所發現……129
【模仿學習法4】**學習師傅的技巧、心境與態度——「模仿狀態學習法」**……131
要如何學習「他人沒有說出口的事情」呢？……131
【模仿學習法5】**模仿所有基礎——「二的十次方法則學習法」**……133
只要攻略所有的基礎，就能成為前百分之十……133
【模仿學習法6】**什麼都不做，全部吸收！——「鏡像神經元學習法」**……135
可以全自動學習的如夢一般學習法……135
不暢銷劇團團員法則……136

鏡像神經元的厲害作用……137
若要和優秀的前輩與怠慢的前輩合作，你會選擇何者？……138
與領先兩步的人來往……139

從誰身上學習？向誰學習？找出學習對象的三個方法……142

能不能參加奧運，九成取決於教練……142

【找出學習對象的方法1】確認精神導師與指導者的差異……144

何謂精神導師？……144
在想著「想要改變」的瞬間，人就會改變……145
指導者與精神導師，兩者都在就無敵！……147

【找出學習對象的方法2】找出「自己也想要變成那樣」的精神導師……149

精神導師要這樣去發現……149
模仿外觀與行為——「濱崎步學習法」……150
我對我的精神導師——電影評論家荻昌弘先生的憧憬……150

【找出學習對象的方法3】自己發揮熱情，與熱血講師相遇……153

何謂在補習班邂逅的熱血講師？……153
與熱血講師的相遇就從「自己開始」……156

第5章 反覆輸入與輸出——精神科醫師的「輸入輸出學習法」

反覆輸入與輸出——「輸入輸出學習法法則」……160
何謂學習與自我成長之間不可動搖的典範？……160
【輸入輸出學習法法則1】反覆輸入與輸出是終極方法——「成長的螺旋梯法則」……161
受到暢銷作家們所支持的「自我成長」法則……161
【輸入輸出學習法法則2】善用資訊很重要——「自我成長輸出比例法則」……163
自我成長與輸出的量會成比例……163
比起輸入量，輸出率更重要——「三分之三學習法」……164
【輸入輸出學習法法則3】輸出是學習的重頭戲！——「輸入為前戲，輸出為壓軸法則」……165
輸出正是所謂的學習……165
想提升成績就別看教科書了！……166
【輸入輸出學習法法則4】注意適當的時間分配——「學習黃金比例——三比七法則」……167
將輸入的兩倍時間投注在輸出上吧……167

超有效率學習——「輸入輸出學習法四步驟」……169

反覆進行「概觀」、「輸入」、「輸出」、「回饋」……169

【輸入輸出學習法步驟1】不要偏離重點——「概觀」……170

不偏離學習重點的「概觀」精髓與實踐案例……170

靠預習概觀整體——「預習學習法」……172

考試前一定要聽講——「考試策略講座學習法」……172

從整體到細部——「鋼骨大樓學習法」……173

有效活用商業雜誌——「知識目錄學習法」……174

正式閱讀一本書時的輔助——「商業漫畫與入門書學習法」……175

背誦策略只須這項就好——「歷屆考題分析學習法」……177

【輸入輸出學習法步驟2】有效提升學習效率——「輸入」……178

輔助輸出的輸入七項精髓……178

【輸入精髓1】以輸出為前提的輸入……179

自己打造輸出的場合——「自我報告會學習法」……181

【輸入精髓2】保持中立輸入！……182

【輸入精髓3】網羅有興趣、關注的資訊……183

將情報一網打盡——「拖網漁船輸入術」……185
【輸入精髓4】學習不要貪心……186
有體悟到三件事情就好——「剪舌麻雀學習法」……187
【輸入精髓5】一邊思考「問題」一邊聽……189
迫使自己問問題——「舉手說『我』學習法」……190
聽取只為你提出的建議吧——「交換名片學習法」……191
【輸入精髓6】將資訊／知識的平衡最佳化……192
收集資訊的訣竅——「二比八學習法」……193
【輸入精髓7】珍惜來自「現實」的輸入……194
在書中無法學到的事就從現實世界學習吧——「非言語學習法」……195
【輸入輸出學習法步驟3】**輸出才是所謂的學習——「輸出」**……197
學習的本質——輸出的五項精髓……197
【輸出精髓1】輸出是一種「運動」……198
一個星期用完一隻原子筆！——「盡情寫下學習法」……200
「打字」不會留下記憶!?——「果然還是要手寫學習法」……201
讓單字本效果倍增的方法——「影子學習法」……202

【輸出精髓2】一星期輸出三次……203
【輸出精髓3】積極「測試」自己！……204
終極的自我測試——「完整重現學習法」……205
「錯誤」是絕佳好機會！——「歡迎糟糕分數學習法」……206
愈是學習不足的人，愈要接受模擬測驗！——「模擬測驗學習法」……207
【輸出精髓4】「體悟」要當下記錄……208
記錄在什麼東西上最好？——「三十秒記錄術」……209
【輸出精髓5】筆記的寫法會決定一切……210
別寫在演講摘要上……211
「體悟」要整理成一本筆記……211
別記太零碎的筆記……212
整理成開頁兩頁……213
各寫三項「體悟」與「To Do list」……213
使用自己講究的筆記本與筆……214
【輸入輸出學習法步驟4】**回顧自己的學習——「回饋」**……215
別讓自己苦思不得其解的回饋四精髓……215

【回饋精髓1】學習會有「發展長處」與「克服短處」階段……215
【回饋精髓2】「拓展」和「加深」……217
將焦點放在「疑問」上就能看見下一步——「下一步學習法」……219
「直接」對大腦而言最愉悅——「總之直接學習法」……220
完整追蹤作者的書、演講與研討會等等——「全追蹤學習法」……221
參考被當成參考的書——「串聯學習法」……222
用多方視角學習——「分享學習法」……223
【回饋精髓3】自己思考「為什麼」……224
即便搞錯也能留下記憶的絕佳辦法——「別馬上看答案學習法」……225
【回饋精髓4】接受老師的回饋……225
用第三者的角度來看，提升整體進展速度……227

第6章 進一步加快自己的成長
——精神科醫師的「超級輸出學習法」

來挑戰超高級篇的訣竅吧——「超級輸出學習法」……230
樺澤流學習法的真面目……230
輸出正是我的人生……231
以「個人風格」為目標突破……232
原創的學習法才是最強的學習法……232
傳達給他人是最強的輸出——「超級輸出學習法四步驟」……235
靠「教導」、「發布資訊」、「成為講師」、「出版」提升一個層級……235
【超級輸出學習法步驟1】教導他人的成效最好——「教導」……236
來確認「教導」的四階段吧……236
【「教導」第一階段】一對一教學……238
【「教導」第二階段】互相教學……238
【「教導」第三階段】一對多教學……240
【「教導」第四階段】透過媒體教學……241
只要有「教學」的機會就別猶豫去嘗試——「鴕鳥俱樂部學習法」……242
【超級輸出學習法步驟2】用社群網路傳遞意見——「發布資訊」……243
用網路發布資訊的七項優點與六項精髓……243

【發布資訊的優點1】強烈留下記憶……244
【發布資訊的優點2】有回饋效果……245
【發布資訊的優點3】有提升動力的效果……245
【發布資訊的優點4】會集結對自己而言必要的資訊……246
【發布資訊的優點5】猛烈自我成長……247
【發布資訊的優點6】現實世界的朋友、同事們對自己的評價提升……247
【發布資訊的優點7】開心！……248
【發布資訊的精髓1】輕鬆發文……249
【發布資訊的精髓2】寫自己的意見……250
【發布資訊的精髓3】添加專業性……251
【發布資訊的精髓4】注意正面的留言……252
【發布資訊的精髓5】每天發布……253
【發布資訊的精髓6】限制時間……255
【超級輸出學習法步驟3】**靠打造體系加速成長——「成為講師」**……256
只要「成為講師」，努力就會得到好幾倍的回饋！……256

打造體系會使人成長……257
花一個月，不論是誰皆可成為講師的方法！……259
【超級輸出學習法步驟4】盤點自己的體驗——「出版」……261
我每年會持續出版二到三本書的原因……261
以出版的階段為目標！……263

第7章 「無法持續」的現狀就靠這樣克服！——精神科醫師的「持續十年學習法」

只要持續即可達到專家的層級——「持續十年學習法」……266
持續下去，就不會輸給任何人……266
【持續十年學習法1】禁止說「持續下去吧」！——「活在當下學習法」……267
持續下去的最大訣竅在於「當下努力」……267
集中在眼前的一瞬間——「冠軍候補力士學習法」……270
別太過幹勁滿滿，抱持著寬裕的心情面對——「HOBO日刊學習法」……271

【持續十年學習法2】停滯會在突破的前一刻發生——「成長指數函數學習法」……273
「明明這麼努力卻沒有結果」是值得開心的……273
【持續十年學習法3】感到痛苦之際，出口就近在眼前——「無盡隧道學習法」……275
沒有得出成果才代表走在計畫上……275
【持續十年學習法4】跨越兩道難關——「一、三、十二個月學習法」……277
有效活用人類擁有的兩個動力吧……277
【持續十年學習法5】注意一年、三年、十年的分界點——「一、三、十年學習法」……280
成為專家須要一萬個小時！……280
【持續十年學習法6】只要持續十年，夢想一定會實現——「十年突破學習法」……283
學習是為了十年後的自己儲蓄……283
【持續十年學習法7】擁有一起成長的夥伴——「別一個人學習法」……286
只要有夥伴，不可能也會化為可能……286

後記……288
「輸出的人」就是「成功的人」……288
身為精神科醫師的我撰寫這本「學習書」的原因……289
主要參考文獻……292

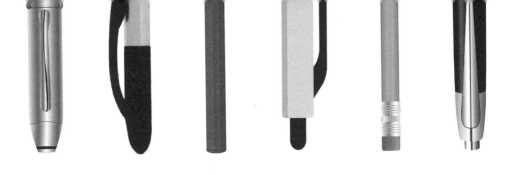

第1章

學習能夠獲得的五件事，以及你學習不順利的四個原因

大人藉由學習能夠獲得的五件事

「有學習習慣的人」VS「沒有學習習慣的人」

你人生中最重要的事情是什麼呢？

我想，很多人會認為是「健康」、「金錢」、「時間」、「人（羈絆、家人）」、「自我成長、自我實現」之中的某一項吧，事實上，只要學習，這些全部都能夠得到。

這個世界上有兩種人，即是「有學習習慣的人」與「沒有學習習慣的人」。**長大成人之後就「沒有學習習慣的人」，並不知道學習真正的好處為何。假使知曉，就會極度想學習了。**

在具體說明「非無謂學習法」之前，我們先來思考一下「學習可以得到的好處」吧！其中，也包含了我為何會如此堅持學習法的相關體驗。

【能夠藉由學習獲得的事情 1】

學習可以使現實產生變化——「紅色膠囊理論」

學習能讓自己有所成長

這裡有紅色膠囊與藍色膠囊，你會選擇哪一個呢？

若選擇紅色膠囊，你就會看見真正的現實世界，活出真正的自己。

若選擇藍色膠囊，就會像至今為止那樣，繼續在假想的現實中生存。

這是基努・李維主演的科幻電影《駭客任務》中的一景。

從現在開始，就是現實的狀況了。

這裡有紅色膠囊與藍色膠囊，你會選擇哪一個呢？

若選擇紅色膠囊，你可以如想像一般發揮自己的能力，在與現今完全不同的世界中，過上實現自我的人生。

若選擇藍色膠囊，與現今沒有什麼偌大差別的生活會一直持續到死亡。

你想要一生就這麼度過嗎？與現在同樣的生活在十年、二十年後也依然持續，你會幸福嗎?這樣的人生,你不後悔嗎?

說明至此,我想或許有不少人會選擇「改革現實」的「紅色膠囊」,然而事實上,有百分之九十的人依舊會選擇「維持現狀」的「藍色膠囊」。

只要搭電車,你一瞬間就會明白此事。

手拿智慧型手機的人,是選擇「藍色膠囊」的人。

手拿著書在閱讀的人,是選擇「紅色膠囊」的人。

只要每天在電車裡看書,三天就能看一本,每個月則看十本。等到十年後會有多少差距呢?粗略計算書的本數,十年為一千兩百本,到退休之前的四十年則大約為五千本,產生了正好是一間小型圖書館等級的差距。

然而,綜觀電車車內,會發現大多數人都在用手機玩遊戲或是觀看社群網路。遊戲雖然有趣,但無論玩遊戲一百個小時還是一千個小時,你的知識量也不會增加,行動更不會有所改變。你無法磨練工作的能力,薪水沒有增加,你所增加的只有遊戲內角色的經驗值和手機的通信費而已。

學習會讓自己成長,而自我成長會提升你的能力,使你能做到的事情在品質與數量上出現大幅度變化,進而改變現實。所謂「學習」,就是改變現實。

學習的目的在於改變「行動」與「習慣」，進而改變「現實」

要改變自己的人生，「學習」幾乎可以說是唯一的方法。與昨天反覆做一樣的事情，就只會不斷過著和昨天相同的每一天。

倘若不改變「行動」，人生也不會改變，而想要改變「行動」，就必須輸入資訊與知識。等到輸入了新的「知識」後即可產生新的「行動」，而這會成為「習慣」。

想要改變現實，只要學習即可；不想改變現實，那就每天玩遊戲玩到心甘情願為止。

「改革現實」的紅色膠囊與「維持現狀」的藍色膠囊，你會選擇哪一個呢？

很遺憾地，你沒有選擇權。在你翻開本書的那一刻起，你就已經「選擇」了。

學習是否能夠改變些什麼呢？你的預感完全正確。

你已經拿到了「紅色膠囊」且吞了下去。

了解學習真正的意義、知曉學習的樂趣，發揮百分之百自己的能力與潛力，達成自我成長與自我實現的世界。非常可惜，你已經無法回頭了。

就讓我們一起透過學習和進修，了解「改變現實」的方法並加以實踐吧。

【能夠藉由學習獲得的事情2】

成為人生勝利組——「社會人士重置理論」

學生的學習與社會人士的學習並不相同

從一流大學畢業，進入一流企業就職，這就是社會上所謂的成功——我們早已將這個嚴重誤解其意義的「常識」烙印在心中。

無法進入所謂一流企業與超大型企業就職的人好似成為了「社會上的失敗者」，即便去其他公司上班，也會心想著「反正我的人生就是這樣」而失去幹勁，對人生感到失望，像這種沒有發揮價值的人其實並不少見。

「到大學為止的學習」與「成為社會人士以後的必要學習」是完全不同的。例如，高中時我們曾學習過微積分，在數學這一科當中，我們花了相當多時間去學微積分，然而就我的狀況來說，在成為社會人士，也就是醫生之後，一次也沒有用過微積分。

此外，在大學學習英文專業的學生就職，成為社會人士後卻沒辦法充分活用英文的人究竟有多少呢？當然也有人是去外資企業或是每天會跟國外企業交流的公司工作，不過依舊有數不清的人是在完全不會用到英文的公司任職。換言之，縱使學生時代的成績再優秀，也不代表成為社會人士後就會派上用場。即便英文成績很好，倘若當上業務人員後最直接必須的能力就是業務技巧，而非英語能力。

鐵定有不少人在出社會後因為完全沒能活用高中、大學學習到的知識而失望吧。不過實際上，這其中就隱藏著非常棒的好機會。

在出社會的瞬間，過去的成績就會全部歸零。

「學習法」是人生的「必勝法」

所謂的「人生重置」是重新展開人生的絕佳好機會。然而，大多數的人在出社會之後就不會學習了。日本人平均每個月閱讀一本書，這個數據就顯示出了此現象。

在大多情況下，學生時代成績頂尖的人們在重置後的「第二回」戰場上也會贏得勝利，原因不在於他們「頭腦很好」，他們之所以能在第二戰得勝是因為「知道學習的方法」。

了解正確學習方法的人，在學任何新事物時都能夠在最短時間內絲毫不做白工地學會，無論是學業、社會人士的學習、運動、才藝或興趣，都是一樣的。

所謂的學習法也就是人生的「必勝法」。知曉的人才能夠時常在人生的各種勝負中持續得勝，不曉得的人則只會不斷失敗，永遠都沒有察覺到原因為何。

將所有人生的「危機」轉變成「機會」的方法

這樣的人生重置時常會在人生中發生。

譬如被迫換到其他部門，工作內容完全改變的時候，以及從東京總公司被調到札幌分公司、從組長晉升為課長等等。當工作內容大幅度改變的瞬間，就不得不從頭開始學習新事物，至今為止所負責的工作內容是無法直接套用的。「學習的重置」既是危機，也是機會。

對知曉學習方法的人而言，部門調動、調職和晉升都是機會，因為這些人適應環境的能力很強，也擅長應對變化。對不曉得學習方法的人而言，部門調動、調職和晉升則會成為危機，事實上，有很多人會因為部門調動、調職和晉升而引發憂鬱症，對特定人們來說，人生的「重置」會是一種強烈的壓力吧。

在往後的人生當中會發生許多「危機」，然而，**只要了解人生的必勝法——「學習法」，即可輕鬆跨越危機並反過來將其轉為「機會」**。

從現在開始也趕得及下次的重置！

明明每個人都會經歷從學生變成社會人士，擁有能夠讓所有學習重置的絕佳好機會，但大多數人在出了社會後卻都不再學習。反之，開始工作後也會確實學習的人在公司內部會有好的評價，而能獲得升遷、增加薪水；不學習的人則什麼也不會改變，在公司少有好評，出人頭地和加薪的機會也跟一般人沒什麼兩樣，甚至是低於他們。

大部分的社會人士都不會學習，因此倘若你從現在開始認真學習，就會有顯著的效果。不學習的人也就是止步不前的人，而學習的人則是持續前進的人。曾經止步不前的人只要緩慢地開始向前邁進，理所當然會逐漸超越依舊停滯的人。

我想，應該有不少人認為在學生時期已經學習過了，出了社會就再也不想要學習了，對吧？然而，很遺憾地，人生就是「一生都在學習」。如果沒有進行社會學習或是為了自我成長而增進知識，那你永遠……搞不好是到死前都只能維持現狀過活。

只要從現在起學習「正確的學習方法」並開始著手，就趕得上下一次的重置！即便是不斷觸礁的人生，也能轉變為屢戰屢勝的人生。

【能夠藉由學習獲得的事情3】發揮適性——「才能並不存在理論」

「沒有才能」只不過是藉口！

有些人會說著「反正我就是沒有才能」、「○○都有才能，真好」，將自己不順遂的原因歸咎到「才能」身上。不過事實上，「才能」並不存在。

就好比鋼琴家過井伸行先生，我想很多人會認為「過井先生有彈鋼琴的才能」，那麼，過井先生是否有拉小提琴的才能呢？倘若他的志向不是彈鋼琴而是拉小提琴，會像現在一樣成為在全世界活躍的音樂家嗎？這種事誰也不曉得。

而為何我們會知道「過井先生有彈鋼琴的才能」呢？因為他的演奏很優秀，還是第一位在范・克萊本國際鋼琴比賽中獲得優勝的日本人，而且在全世界大放異彩，抓住了許多粉絲的心。這些只是單純的「結果」，因為得出了優秀的「結果」，我們才深信他「鐵定擁有彈鋼琴的才能」。那麼，我反過來問各位，是否有人即便有罕見的鋼琴才能，卻沒能成功呢？

所謂的「才能」，只是對掌握偌大成功之人所給予的「稱號」。這和與生俱來的素質毫無關係，也不可能去預測「這個人未來會成為世界級的鋼琴家」。

「才能」並不存在。所謂的「才能」只是單純的結果，是沒能得出結果的人為了合理化及安慰自己，才將「才能」當成藉口。

莫札特並非天才!?

佛羅里達州立大學心理學系教授安德斯・艾瑞克森（Anders Ericsson）曾在著作《刻意練習》（方智出版）中得出結論，表示超一流的成功人士是因為顯著且有效率的努力才得以成功，幾乎與才能沒有關係。

莫札特在六歲時就展現出讓觀眾連連叫好的演奏，任誰都覺得他是天才，不過事實上他的父親是音樂老師，從小就對莫札特施行鋼琴的英才教育。現代的常識認為愈小開始執行音樂教育效果愈佳，六歲就能彈出一手好鋼琴的兒童也不少，然而在十八世紀的歐洲並沒有人知曉此事，所以才會被認定為天才。莫札特只是從小就極為大量地練習鋼琴，是個「努力的人」——這才是現實。

該作者在書中還提到了諾貝爾獎得主遠比其他研究者寫了更多論文的事實，並引用了世界級西洋棋棋士的練習量等豐富案例和多達一百篇以上的論文，表明想要成功，比起才能，適當的努力更為重要。

找出「適性」比才能重要十倍

才能只是「結果」，打從一開始就不存在，不過人類天生就會有適合某種事物的特性，我稱之為「適性」。

雖然沒有「才能」，但鐵定有「適性」存在。

過井先生就有個極為知名的故事。他在五歲時曾經去塞班島家族旅行，當時在購物商場中看見了自動演奏的鋼琴，因為太想彈奏就去拜託店員讓他彈一曲。接著，他完美地演奏了改編自理察・克萊德曼（Richard Clayderman）的曲子，現場響起了「Bravo」的歡呼聲，引起大騷動。在眾人面前演奏後獲得他人喜悅，他自己也很開心，打從心底覺得彈鋼琴真的很快樂。

這就是「適性」。會打從心底覺得「快樂」的事情即是所謂的「適性」。雖然「才能」並不存在，但「適性」鐵定是存在的。而有「適性」的人只要付出龐大的努力，即會產生「結果」。用數學公式來說，**「適性」X「努力量」＝「結果」**。

要找出「適性」是很簡單的。當你打從心底感到開心、能夠熱衷的事情，就代表「有適性」。

人人都說想成為某種領域的專家，就必須要有一萬個小時以上的努力。有「適性」的人能夠享受這一萬小時嘔心瀝血的努力過程並堅持到最後；另一方面，沒有「適性」的人會因為太過痛苦而在途中放棄，在「適性」開花結果之前，他們就退出了。在此我用的是「努力」這個詞，不過如果是在運動或音樂的領域就會變成「練習」，知識相關的作業則是「學習」。

每個人鐵定都會有某種「適性」，我們要去發現它並加以琢磨。只要去挑戰各式各樣的事物，就會發現適性。在學校的科目也是，每個人擅長的科目並不相同，可能會是數學、國文或是英文，而這其中也潛藏著「適性」，如果不多方嘗試，是不會知道的。

靠「學習」找出適性，再透過「學習」精磨適性。

沒有人擁有所謂的「才能」，因此不必擔心，不過，你一定有著某種「適性」。只要發現適性並藉由學習去磨練，絕對能讓適性綻放，得出驚人的結果。

【能夠藉由學習獲得的事情 4】
壓倒性成功——「能幹者都在學習理論」

學習的部分會得出相對應成果

「業務人員幾乎都不學習。」

倘若是業務人員聽了這句話，或許會覺得被冒犯，不過這可是我從某位業績第一名的業務朋友口中聽來的。

我所開設的「Web心理塾」中的一位成員財津先生，是一名外資廠商的頂尖業務員，他在年初的一個月內就會達成一年的業績量，厲害程度絕非一般。他非常熱情參加我的研討會和學習會，是出席率最高的成員之一，甚至還會大量閱讀，是個極為認真學習的人。

在我問了財津先生說：「所有業務人員都是這麼認真學習的嗎？」，他就回應了我本小節一開頭的答案。正確來說，那句話的意思是：「沒能拿出成果的大多數業務員都沒有在學習」。首先，他的同事就幾乎沒有在看書，即便看也是看漫畫而不看商業書。他自己則閱讀了很多商業書籍，卻沒有一個同事能和他聊商業書的話題。

財津先生是那間公司的頂尖業務員，掌握了許多業務技巧，其他人鐵定會想要知道那些頂尖技巧。然而，當我問他：「是否時常會被後輩們要求教導業務技巧」時，他回應我：「幾乎沒有人問過我業務的相關訣竅。」

財津先生在公司內部被認為是「天生擁有業務才能」的人，所以大家覺得他的技巧學不來，因而幾乎沒有人去請求他的教導。

在我詢問了「業務大學」* 負責人，且已經撰寫業務相關書籍超過二十本以上的吉野真由美小姐同樣的問題時，她也回應我：「有在唸書與不看書的人，比例大概是二比八吧。有八成的業務人員幾乎都不學習，會看業務書籍的人只有兩成左右，更別說會去聽講座、會認真學習的人了，甚至還不到一成。」大部分的業務人員即便業績不好，也不知道為什麼，依舊不會想要學習業務相關知識。

業務專家吉野小姐表示：「只要確實學習，鐵定能在業務上得出成績。業務不是靠才能而是靠方法的，學習正確方法並確實執行，任誰都能夠得出成果。」

只要學習，誰也能夠達成相對應的成果。只要學習，誰也可以在工作上拿出成績！

「大智若愚」法則

學會「學習方法」是學習的第一步。我在學生時代為了向成績好的朋友問出他的學習方法，曾提出各式各樣的問題。

＊ 譯註：日本知名的業務諮詢、演講等學習網站，提供相關業務技巧。

當我問了：「你每天都學習幾個小時？」之後，很奇怪地，他們都會丟給我同樣的答案，說：「我完全沒在唸書啊」「騙人！你每天一定都唸六個小時以上！」即便我內心如此想著，也只能說句「喔——這樣啊」就結束。

會唸書的人是很「謙虛」的，那時候我之所以覺得不必將他們所說的話信以為真，是因為我對「很會唸書的人」有既定印象，不過現在我的想法已經改變了。例如，假設現在你問我說：「樺澤先生，您是不是每天都很認真學習？」我會這樣回答你：

「我完全沒有在學習啊。」

我每個月會看二十到三十本書，每天寫作三到四個小時以上，不過這並不是學習，而是樂趣。無論是看書還是寫文章，可能在他人眼中看來都是「學習」，不過對我而言，這是一種「樂趣」，並不會被分類在「學習時間」當中。

恐怕，我那些很會唸書的同班同學也是同樣的心境。「會唸書的人」最大的共通點在於享受學習，他們不會抱持著拼命、勉強、被迫的心態去接受新知。他們會用不以為然的表情說：「我完全沒在學習啊」，其實並非「謙虛」，而是他們的「真心話」。

有在確實學習的人都是邊享受邊學習的，就算去觀察對方，你也幾乎不會感受到

「拼命」或「努力的感覺」。

愈是真的有在學習的人，愈能夠泰然自若地說出「我完全沒有在學習」，他們連有在學習及努力的氛圍都不會透露出來。愈是有在學習的人，愈不會展現出學習的模樣，這就是「大智若愚」法則。倘若你不曉得這項法則，就會認定「果然天生頭腦好的人就是不一樣」、「我自己模仿不來」，而對學習產生無力感。

有成果的人都很確實地學習。你職場上的成功人士縱使乍看之下都沒在學習，事實上可是孜孜不倦的。而最重要的是他們享受學習，因此他們看起來一點也不拼命，反而悠然自若。

學校的成績好不好是根據是否有在學習而定，工作的成績好不好也是根據是否有在學習而定。如果你不享受其中就無法長久持續，而會變成無謂的學習。這是我從「大智若愚」法則中所導出來的結論。

【能夠藉由學習獲得的事情 5】自我成長，掌握幸福——「多巴胺幸福論」

人類只要自我成長就能感受到幸福

只要去書店就會發現有不少與「幸福論」相關的書籍陳列在架上，不同書籍闡述實踐「幸福」的方法也有所不同，不過我的幸福論可是十分簡單的。

我們感受到「幸福」時，腦中會分泌某種物質，名為「多巴胺」。一旦分泌多巴胺，我們就會感受到「幸福」，為此，多巴胺又被稱為「幸福物質」。

「何謂幸福？」有些哲學式的議論會探討此事，不過以腦科學來說這實在很簡單，所謂幸福，就是分泌多巴胺，分泌多巴胺之後，我們每個人都會感受到「幸福」、能夠變得幸福。那麼，要怎麼樣才能分泌多巴胺呢？那就是「自我成長」的時刻。到昨天為止都沒能做到的事情，今天能做到了，這種時候，多巴胺會伴隨著「我做到了！」的成就感一同分泌。

或許有不少人心想：「我想變成有錢人！」、「只要有錢就會幸福！」，但這種想法並不正確。很多人就算中了高額樂透，也會因為金錢觀崩壞而陷入不幸，這種狀況我們聽多了吧。

以腦科學而言，感到極度高興與達成偌大目標的瞬間，多巴胺會猛烈分泌，不過一下子就會停止了。要想再讓多巴胺分泌就必須達成更遠大的目標，或是經歷比現在更開心的事情，否則就無法分泌——也就是無法獲得幸福感，你反而會因為極度的不安全感、不滿足感而對現狀有所不滿和不安。

這和奧運的金牌得主在榮獲金牌後就無法維持動力是一樣的，而中了三億日圓彩券的人，下次不中個五億就無法維持幸福感。即便掌握龐大的金錢、達成遠大的目標，也不會幸福，那麼，要怎樣才能變得幸福呢？只要生活比昨天再多改善一點、收入增加、達成以前做不到的事情就好了。累積這些「微小的改善」、「微小的成果」，即可釋放出充分的多巴胺，換言之，在「自我成長」的過程中，人類會感受到最強烈的幸福。

我就來說結論吧，我們能夠變幸福的方法就在於「自我成長」，只要一生不斷成長，自然能過上幸福的人生。那麼，要怎麼做才能「自我成長」呢？此時最重要的就是「學習」。學習可以獲得新知識、經驗與體悟，最終改變行動和習慣，磨練技巧與技能，引發「自我成長」。反之，不學習也不吸收任何新知識、不體驗新事物，是否有辦法「自我成長」呢？每天用手機玩遊戲，十年後薪水會變成兩倍嗎？我想是不可能吧。

學習會讓自己有所成長並且自我實現。在這段過程中，只要多巴胺分泌，就會變得「幸福」。換句話說，想要「幸福」，最捷徑的方法就是「學習」。

「我明明就拼命學習了，卻一點也不覺得幸福。」可能會有人這麼想吧？這種人是因為搞錯了「學習的方法」以及「要學習什麼」，即是正在進行「無謂的學習」。

想要自我成長、自我實現，「應該學習什麼才好？」、「應該如何學習才對？」關於這兩點，我會於之後的各個章節詳細說明。

你學習不順利的四個原因

為何就算學習，也無法如想像那般得出成果？

拿起本書的你恐怕正對「學習」感到煩惱，你不知道要如何學習及學什麼才好，或是即便學習了也不如想像中那樣有成效。就算學習了，也沒能真正學會，感覺像是做了白工……。

學習上的煩惱會因人而異，不過在統整之後，可以分成以下四個大類別——「學習好痛苦，不快樂」、「不知道從何開始」、「失去動力，無法繼續」、「不知道要點」。

【學習不順利的原因 1】
「學習好痛苦，不快樂……」

本來，學習是很快樂的

學習很快樂！正在學習的瞬間實在快樂到難以忍耐，只要有閒暇，就想要學習——我想，應該沒有人會這麼想吧。對大多數人而言，學習都很辛苦、很痛苦，想要往後拖延，如果可以的話最好都不要學。比起學習，玩樂鐵定更輕鬆、更開心。

一言以蔽之，享受學習的人能夠在開心的情況下面對學習，也就是「會得出顯著結果的人」，至於認為學習很辛苦的人，換句話說即是「無法得出成果的人」。

然而，學習自己不知道的知識其實就是在讓自己了解到「啊啊，原來還有這樣的事情！」並刺激「好奇心」，你的心情也會變得愉快起來。藉由學習掌握新知，讓自己逐漸成長的過程，會是偌大的「喜悅」。

哲學家亞里斯多德在著作《形而上學》的開頭說：「所有人生來就渴望求知」。人類具備著「學習」的欲求——也就是好奇心，為最根本的欲望。

擁有好奇心，藉由學習讓自己成長，這本來是極為理所當然的事情，也應該是「快樂」的，卻因為學校教育和考試學習的體制，讓「學習很辛苦」的觀念深深烙印在我們心中。如果能夠把「學習很辛苦」、「很討厭學習」替換成「學習很快樂」、「很喜歡學習」，那麼你的內心就會掀起學習革命。學習實在開心得不得了，只要有閒暇就會想翻開書本學習，假使你能夠做到如此，那麼，你就等同於掌握了能讓自己猛烈成長的火箭發動機。

其實學習很快樂！若稍微轉換你的思考迴路，這就會化為可能。而一旦你切換了，效果便會持續一生。將「痛苦」的學習轉為「快樂」。我會於第二章說明如何讓學習變得愉快，猛烈提高學習效率的「大腦快樂學習法」。

【學習不順利的原因2】「不知道從何開始……」

找出能夠最快得出結果的方法

「學生的學習法」與「成人的學習法」，其最大的差別在於有無「教科書」和「教材」。倘若是大學考試，只要確實學習高中的教科書內容就能夠拿到相當高的分數，完全沒有記述在教科書上的問題一般是不會出的。換言之，這考試是有保證的，踏實地學習教科書的內容就沒問題了。

然而，在大人的世界、社會人士的世界，可沒有所謂的「教科書」。

例如，就假設在業務部門工作的你每個月都無法完成定額，因為業績不好而煩惱著，你希望能想辦法改變這個現狀，無論如何都想提升業績。為此，你要學習一切的事物，這種時候，你會怎麼做呢？

你心想著要讀一些書籍，去了書店，卻發現有好幾十本業務相關的書陳列在架上，完全不知道要買哪本書才好。如果有一本書是只要看了就鐵定能提升業務能力的，那你就會毫不猶豫選擇那本吧。然而，倘若真有這樣的書籍，也不會有業務員煩惱自己業績不好了。

那麼，要請業績好的前輩指導自己嗎？去聽要價好幾十萬日圓的「提升業務能力講座」真的會有效果嗎？還是說只能從每天跑業務的實際經驗來學習呢……。在社會人士的世界裡，並不存在著只要這麼做就一定會有結果的經典學習方法。因此，縱使你想著「要提升工作能力！來學習吧！」也不知道要用何種教材、要如何學習才好。結果，你用了錯誤的教材，走上一條繞了超遠一段路的無謂學習，沒有得出成果，到頭來也只是回歸到完全沒有學習的自己。沒有教科書的社會人士，應該用什麼樣的靈感發想並從何開始學習才好呢？

那就是能夠促進「成果」與「自我成長」並找出最短捷徑的方法，也是本書的主要議題，是至今為止的「學習方法書」中不太會闡述到的重要觀點。

該如何學習及學習些什麼？要怎麼樣才能制定出一條不會做白工、能夠有所結果的最佳捷徑學習之路？我會於第三章的「大人學習法四策略」中闡述。

【學習不順利的原因 3】

「失去動力，無法繼續……」

為何持續下去很困難？

在某個地方，有著一位「能夠百分之百讓天降雨的祈雨師」。苦於乾旱的某個村落長老便去祈求這位「祈雨師」的幫忙。祈雨師開始祈雨了，然而，天上並沒有降下甘霖。一個星期過去，雨還是沒下，即便如此，祈雨師依然持續祈雨著。兩個星期過去，雨依舊沒下，然而，祈雨師仍舊繼續祈雨著。在他開始祈雨過了四個星期後，雨終於降了下來。

祈雨師說：「我終於祈雨成功了！」

這是個如笑話般的故事，但其實蘊含了非常多的寓意。我很喜歡這個故事，經常會在演講和研討會上說明。

總之就是要持續下去，別在中途放棄。只要堅持到成功為止，就必定會有所結果、必定會成功。

縱使知曉「持續」的重要性，人們也難以堅持下去。即便一開始幹勁滿滿，但在學習了好幾個月都沒有結果、沒有感受到自我成長後，就沒有動力繼續下去，不知不覺間便放棄了。大多數的人都無法堅持學習，在有所結果之前就放棄了。

為何要「持續」學習如此困難呢？這是因為要看到成果得花時間。就算是很小的成果也無妨，如果能夠在短時間內感受到成效就會有持續下去的動力了。在腦科學的領域當中，學者們一直在進行動力的研究，並得知只要活絡「犒賞系統」（reward system），刺激多巴胺分泌即可。

我會在有腦科學佐證的前提下，於第七章的「持續十年學習法」說明能夠「持續」學習的技巧、不會做白工也能堅持學習的方法，並於第四章的「模仿學習法」中告訴各位即便不提升動力，也能在每天的日常生活中全自動學習的方式。

【學習不順利的原因4】

「不知道要點……」

「非無謂學習法」是必須的！

在國中與高中的課堂上，老師時常這麼說：

「這裡考試一定會考，要記起來！」

於是，這些內容還真的出現在考試中了，當然，你會寫上正確答案。然而，答案卷被收走時，你瞥了一眼隔壁同學的答案，發現他寫錯了「絕對會出」的考題。

在面對考試時，有著所謂會出現在考試中、容易出現在考卷上的要點。能夠完美掌握這些要點的人就能在短時間內發揮學習的效果，不過還是有人連老師說過「考試絕對會出」的超重要要點也掌握不住，這樣可是會白費相當多的時間和努力呢！

理論上來說，應該要以最重要的部分、絕對會出的部分、老師強調的部分——也就是所謂「重要要點」、「可能會出現的考題」為優先，並以此為前提把所有內容都複習一遍吧。

剩下的時間才去處理那些細微的部分、重要度不高的部分、比較吹毛求疵的問題等，這是最一般的學習方法，然而意外的是有不少人會從頭開始按照順序來，採用地毯式的方式學習，也有很多人在學習時都不知道要點為何，不然就是偏離要點。

既然要面對考試，就要在同樣的學習時間之內掌握更高分、在最短時間內採取效率最高的學習方式。為此，我們在學習時必須「掌握要點」、「不做無謂的學習」。

關於這些方法，我會於第五章的「輸入輸出學習法」中說明。此外，在第六章，我也會闡述將第五章內容進一步延伸的「超級輸出學習法」。

學習的第一步是知道「學習法」──「學習學習法」

「成績好的孩子」與「成績不好的孩子」最大差別在於？

在我還是大學生時，曾在補習班打工，擔任講師。那間補習班分成「升學班」和「普通班」兩個班級，我負責的是「普通班」，說直白一點，就是「成績不好的同學」那一班。

我每週、每週都會和成績不好的同學們相處，因而了解到「成績好的孩子」與「成績不好的孩子」有何不同。

「成績不好的孩子」有三項特徵，即是「討厭學習」、「沒有持續下去的集中力」、「不知道學習方法」。

這三項要素是密切相關的，要說是渾然一體也行。

因為不知道學習的方法，無論學習多久都得不出成果。由於沒有成果，就不明白學習的樂趣。結果，他們無法喜歡上學習，在「被強迫」的狀況下被要求做討厭的事情，所以沒有持續下去的集中力。位於這三項要素頂端的就是「不知道學習方法」。

了解學習方法的孩子會有自己的學習風格，他們擅長制定學習計畫，知道要從何開始做哪件事情，最終的成績當然會好。

不曉得學習方法的孩子則沒有自己的學習風格，魯莽、死命地學習，熱情卻成了徒勞無功。他們不明白要從何開始做什麼，也不擅長制定學習計畫，倒不如說根本沒計畫。他們會從頭開始用地毯式學習的方式死記考試範圍，卻無法將考試範圍唸到最後，不會分配時間，導致成績不好。

孩子的成績不好，與他天生頭腦好不好完全沒有關係，最大的原因在於「不知道學習方法」，這就是我導出的結論。

決定去美國留學的我第一件做的事情是？

在我的人生中，曾經有過四次拼命學習的經驗，也就是「高中入學考試」、「大學入學考試」、「醫師國家考試」和「留學之前的英語學習」這四次。

成為社會人士後我最拼命學習的期間，就是去美國留學之前的那一年。雖說是留學，不過我是以非專職員工的身分領薪水工作的，因此也伴隨著相當大的責任，如果我無法用英文參與科學研究的討論，就什麼都不必談了。

留學地點具體定下來是在我前往美國的一年前，也就是說我只剩下一年的時間，要如何在一年內讓英文能力有大幅度的成長呢？最初，我先決定要用何種方式學習，也就是決定「學習法」。

我所屬的札幌醫學大學精神科裡面有五、六位擁有留學經驗的醫生，因此，我向全員詢問：「大家在留學前是用什麼方法學習英文的」。他們一天學習幾個小時？是去英

語會話補習班還是自學？推薦的教材是什麼？

從結論來說，最近曾留學過的所有醫師都去聽了NHK的收音機講座「商業英語會話」。這是NHK收音機講座中難易度最高的，以現在的分類來說，相當於「實用商業英文」。

此外，大多數有留學過的醫生都有去上英語會話補習班，或是接受英語母語者的一對一課程。當時距離我任職醫院五十公尺的地方正好有間英語會話補習班，我又很重視便利性，就選擇去那裡上課。再者，由於我對聽力完全沒有自信，因此也必須學習「聽力」，在網路上搜尋後，選擇了評價很好的ALC教材「聽力馬拉松」。

我同時進行「英語會話補習班」、「商業英語會話」和「聽力馬拉松」這三件事，正式開始學習英文。我每個星期要上兩次英語會話個人課程，每天聽三十分鐘的「商業英語會話」，通勤的時間則全部拿來聽「聽力馬拉松」，一年來每天都學習英語兩到三個小時。後來我總算到了美國，雖然很辛苦，卻也成功展開了我的留學生活。縱使我的程度還很粗劣，不過我一年前是完全不會說英文的，想到這一年來，我還真有了非常顯著的成長且高於我原本想像的水準，以非常好的狀態前往美國。

那麼，我為什麼只花了一年就能夠養成還算堪用的英語能力呢？那是因為我在學習英文之前，就從實際留學過的人口中詳細調查過有效果的英語學習方式。

換言之，一旦有了「來學習吧」的想法，首先，就要從「調查學習法」開始。大多數人都會魯莽地著手學習，要是不順利就嘗試別的方法，也會不斷去買參考書和題庫。他們用的並非「專心踏實，朝著目標一直線前進的學習方法」，而是「茫然又沒有固定方向性，飄浮不定的學習方法」，才會繞了相當長的遠路，做了許多無謂的學習。

來學習學習法吧！

所謂的學習法並非是「為了學習的方法」，而是「開始學習前的策略」。因此，只要策略出錯了，就算耗費龐大的學習時間也不會有成果。

你之所以一直以來都成績不好，或是沒能得出預期中的結果，並非你天生就頭腦不好，或是沒有學習、知識方面的才能，更不是無法持續努力的無用之人。你，只是不知道學習方法而已。

學習的第一步就是學習學習方法。換句話說，「學習學習法」才是學習的起始點。

在開始學習之前，就已經決定了九成的結果。知道正確學習方法的人一定會有所成果，被錯誤方法給束縛的人則會陷入泥沼。

拿起本書的你，已經踏出了邁向新世界的第一步，掌握了從現在深陷的泥沼中脫離的方法。

學習很快樂！只要肯做就會有成果！這是個能讓你自我成長與自我實現，充滿著無限可能的嶄新世界。有腦科學根據、能夠得出顯著成果的「正確學習法」，會改變你的人生。

讓你久等了。從下一章開始，我會說明具體的學習方法。

第2章

光是「有趣」就能活絡腦部

——精神科醫師的「大腦快樂學習法」

「喜歡」、「有趣」會提升效率——「大腦快樂學習法」

「頭腦好」只不過是結果

你認為決定成績好壞的最大原因是什麼呢？在於頭腦好不好嗎？錯！

我非常討厭「頭腦好」的說法。所謂的「頭腦好」只是用別的詞彙來表現「成績好」這個「結果」而已。「這孩子頭腦明明很好，成績卻是班上最後一名」，你認為有這種小孩嗎？我想幾乎是沒有的。

這世上有著所謂的智商（ＩＱ），而我們已經得知智商可以透過訓練提升，那麼，究竟是否存在著「天生頭腦好的小孩」就是個問題點了。ＩＱ並非與生俱來的智慧，而是會根據出生後的知識活動量強烈反映出來。

你或許認為「自己頭腦不好」，但你完全沒有必要在意這種事。成績的好壞不是因為「頭腦好壞」而決定的。要說到是因什麼而定，那就是你「喜歡」還是「討厭」學習。

通常「成績好的孩子」喜歡學習，「成績不好的孩子」討厭學習。並沒有那種「雖然超討厭學習，成績卻是班上頂尖」的孩子吧？只要是小孩都會喜歡玩樂勝過於學習，不過「成績好的孩子」會知道學習新知、理解知識與在考試中得到高分的喜悅，也就是說，他們認為學習很快樂，才能夠長時間集中精神面對書桌，提升學習效率。

「成績不好的孩子」毫無例外都「討厭學習」，沒有那種「明明超級喜歡學習，成績卻是班上吊車尾」的孩子。「成績不好的孩子」都是在不情願的狀況下學習的，可以的話他們才不想學習，而是玩遊戲，他們總希望能早一步將學習拋諸腦後，馬上去玩樂。這種孩子要面對書桌十五分鐘可是很困難的，成績不好也是理所當然。

「成績好的孩子」喜歡學習，「成績不好的孩子」討厭學習。以經驗上來說，我想大家都會同意這項觀點，**以腦科學而言，學習的效率會因為「喜歡」還是「討厭」而有根本上的改變，也會影響到成績好壞。**

「喜悅」是油門，「辛苦」是煞車

人類只要做「喜歡」的事情時就會分泌名為多巴胺的腦內物質，而多巴胺會提升集中力，強化記憶力。多巴胺是個會在「快樂」時分泌的「幸福物質」，因而廣為人知，此外，這也是會提高集中力、記憶力並大幅提升學習效率的「學習物質」。

另一方面，人類若被迫做「討厭」或「辛苦」的事，副腎皮質就會分泌一種壓力賀爾蒙，名為皮質醇，皮質醇是海馬迴最大的敵人。在被記到腦中的資訊固定下來之前，記憶會暫存在海馬迴之中，這是個與「記憶」本身有關的重要部位，但只要分泌了皮質醇，海馬迴的作用力就會下降。此外，倘若長時間處於重度壓力之下，海馬迴就無法創造新的神經細胞，海馬迴本身的細胞也會被破壞，也就是說，累積壓力會讓記憶力下降。

換言之，「喜悅」是油門，「辛苦」是煞車。

只要在享受的狀態下學習就會分泌多巴胺，提升大腦的集中力與記憶力，對「學習」踩油門。若在學習時心不甘情不願，則會分泌壓力荷爾蒙，海馬迴的作用力與記憶力下降，對大腦踩煞車。

即便花了同樣的一小時學習同樣的內容，「喜悅」的孩子會不費氣力地記住，「辛苦」的孩子則幾乎無法記憶。這套用在大人身上也是完全相同的。

你喜歡學習嗎？假使你討厭，無論你學得再多也只是白忙一場，學習效率不會提升。那麼，不管你學習得再久，這些學習也只是徒勞。如果你非常喜歡學習，就算只是很短的時間，你也會像海綿吸水一般，掌握效果顯著的學習成果。

光只是「喜悅」就會提升學習效率，讓你的大腦快樂即可得到顯著的學習成效，這就是「大腦快樂學習法」。

「被迫感」是學習的最大敵人──「轉換辛苦與快樂的學習法」

我們常會用「不得不學習」這種說法，但這正是學習不快樂的證據。很少會有人說「不得不玩遊戲」，即便你命令你的孩子說「不准玩遊戲」，他們也會想要偷偷去玩。就算被禁止也「無論如何都想做」的事情，才是「喜歡」、「快樂」的。

在「不得不做」的「被迫感」狀態之下，大腦會分泌壓力賀爾蒙，「無論如何都想做」的狀態則會分泌多巴胺。

許多人一搭上電車後都會用急射槍手*般的速度從口袋中拿出手機，開始玩遊戲或逛社群網站。然而，我會用不輸給這些急射槍手的電光石火神速，從包包中拿出書籍開始閱讀，原因在於看書「很開心」，這已經是個習慣了。你要將滑手機當成習慣，還是

* 譯註：日本的一款休閒射擊遊戲，考驗玩家的反應力與手速。

看書（＝學習）呢？

如果你能夠覺得學習「很快樂」，那你就會珍惜每分每秒去學習。為了實現更多的「快樂」，多巴胺會提升你學習的動力，再加上多巴胺的增強學習與記憶力作用，你的學習效率會明顯提升，學習的效果和表現也會讓你更開心。藉由多巴胺的正面連鎖反應，你會有顯著的成長。

學習並非「不得不做」，或是「要去做」的事情。用「來學習吧」、「來學習吧」的心態去振奮自己，反而會無意識凸顯出你的「被迫感」，對大腦踩剎車。因此，你不可以有「我要來學習！」的想法。

學習是「快樂」的，只要在無意識中產生「不自覺會去做」、「極度想要去做」的想法，就不會有任何的白費功夫，得以順利進展。

關於喜歡上學習、享受學習的方法，我會於以下詳細說明。

何謂喜歡上學習的五個方法？

只要喜歡上學習，就能發揮顯著的效果

倘若喜歡上學習，你就會每天去學習，發揮有目共睹的成效。各位已經知道了「大腦快樂學習法」的機制，我想應該有不少人希望能趕快具體了解「喜歡上學習的方法」吧？

你能夠「喜歡上學習的方法」，總共有五種。我會依序介紹。

【喜歡上學習的方法1】詢問喜歡學習的朋友

點燃好奇心吧！

你無法喜歡上學習的原因在於你沒有發現「學習的有趣之處」。因此，你可以向已經注意到「學習有趣之處」的人詢問究竟哪裡有趣。如此一來，對方就會眼神閃閃發光，告訴你學習的魅力所在。

我在高中時曾有過一段小故事。所屬於鐵道研究會的鐵道宅K同學總會笑著閱讀時刻表，因此我就這麼問他了：

「像這樣只是陳列數字的時刻表哪裡有趣了？」

K同學如此回答：

「說是陳列數字也太失禮啦，你知道這是怎麼制定的嗎？全部都是手工製作喔，只要搞錯了一分鐘，列車就會相撞的。像這樣完全沒有發生事故，按照著規則運行，簡直就是藝術啊！我想說下個星期天要搭乘○○線的○系列列車，因此確認了時間，不過只是搭乘實在太無聊了，為了在中途下車，從列車外拍照，我還會事先看應該在哪一站下車才好。這個○系列列車是從昭和○年開始運行的，非常有歷史，不過這也是風情所在啊。由於已經有人在討論是不是差不多要廢止了，我心想要是不趁現在搭乘，或許一生都搭不到了。光是想著，就覺得很興奮耶……」

「原來如此，原來還有這樣的世界啊。」我心想。

當時身為電影宅的我對鐵道的世界完全沒有興趣，但我卻心想著：「原來還有這般深奧的世界啊」，被拉近了K同學不可思議的世界觀之中。雖然我到最後沒有成為鐵道宅，不過我已經有了「這個世界真有趣」的想法，被點燃了「好奇心」之火。

一旦點燃了「好奇心」之火，你就會喜歡上學習。

你開始對那門學科或領域抱持著興趣。有興趣正是「喜歡上」的第一步。

為此，點燃微小的「好奇心」很重要。或許一開始只是像火種微微燃燒一般的小火，然而，只要一點一滴鑽研那項學科或領域，你覺得有趣的感受也會逐漸擴大。如此一來，好奇心之火會猛烈燃燒，最後甚至無法控制，促使你抱持著激烈的熱情去學習。

【喜歡上學習的方法2】傾聽身旁專家的建議

喜歡上不擅長的科目——物理的瞬間

我高中時非常不擅長「物理」，我還抱持著嘲諷的態度，心想：「物體掉落的速度和我的實際生活哪有什麼關係」。然而，為了考醫學院，我無法避開物理。應屆從札幌醫學大學落榜的我進了補習班，結果在第一堂物理課就受到了衝擊。

物理課的M講師一開口就這麼說：

「物理公式就是個藝術呢！物體掉落速度的公式v＝gt（速度＝加速度X時間），這麼簡單的公式裡竟濃縮了我們日常生活的真理，不覺得很不可思議嗎？就連乍看之下是由複雜機制所組成的這個世界，只要加以探究，就會發現意外地是透過很簡單的系統在運作呢。無論丟出物品幾次，都會以同樣的加速度落下。法則是絕對不會背叛你的，所謂的物理是可以用簡單明瞭的方式去展現世界真理與萬物真理的學問啊。」

「世界的真理嗎……？我從來沒有想過！」我非常震驚。毫無人情味、甚至可以說是沒有生命力的數字排列之中，竟然潛藏著普世且絕對不會背叛我們的「世界真理」，讓我瞠目結舌。在那個瞬間，我內心那股不擅長物理的心態煙消雲散。倒不如說，我還心想著「物理真有趣！」，點燃了對物理的好奇心之火。

物理真有趣！因為，只要按照公式解開就好了。先掌握住幾項類型，之後就只需套入公式。物理法則和英文單字不同，不會有好幾百種，使用的公式也有限。什麼嘛，這很簡單啊！模式都已經決定好了，比起其他科目，物理要輕鬆多了。過了將近半年之後，我原本最不擅長的物理竟然變成了我的擅長科目，我自己也很驚訝。在正式考試時，物理完全成了我的得分來源。

不擅長的心態就好比「喉嚨哽住」一般，只要有個微小的契機一下子就會通了。為此，請擅長該學科或領域的專家闡述其魅力所在會最有效果。

【喜歡上學習的方法3】閱讀喜歡學習的知名人物著作

感受到「喜歡學習」的熱情

自己身邊並沒有很熱心學習的人——當你無法想出能夠闡述「學習魅力」的朋友、認識的人、老師或講師時，「書」會對你大有幫助。

只要去書店，就會發現有許多學習方法的書籍陳列在架上，你就試著去看其中一本。當你接觸到充滿著「喜歡學習到難以忍耐」這種能量的書籍時，你也能夠直率地有所共鳴，感受到「學習的有趣之處」、「鑽研的有趣之處」。

例如，當你想要學習唸書方法、寫作方法的重要之處時，就去看齋藤孝先生的書；

當你想要以幹勁滿滿的職場女性為目標時，就選擇勝間和代小姐；喜歡有科學根據的學習方法，就去找腦科學家茂木健一郎先生與池谷裕二先生的著作；想了解學問與研究的有趣之處，則是閱讀養老孟司先生的書。若想要激發對學校的學習、考試學習的興趣，去翻閱補習班講師林修先生和出口汪先生的著作；在「簡單明瞭地理解、學習」這個論點上，我建議你看池上彰先生的書籍等等。

此外，人稱學習方法經典的作品——外山滋比古先生大賣了兩百萬本的暢銷書《這樣思考，人生就不一樣》（究竟出版）、立花隆先生的《「知」的軟體　資訊的輸入與輸出》（暫譯，講談社），看了也沒什麼損失。

在我第一次閱讀《「知」的軟體　資訊的輸入與輸出》一書時，受到了強烈的衝擊。原來專業的非虛構式文學寫手是像這樣收集資訊，並用這樣的流程在「撰寫」的啊……，進一步加深了我對「寫作」的興趣，心想：「我也必須好好輸入資訊與輸出作品，不輸給專業人士！」

只要接觸能得出顯著結果、喜歡學習者所寫的書，你就會受到強烈影響。

此時，以「能夠有共鳴的人」、「與自己有共通點的人」、「能夠尊敬的人」、「想要成為像他一樣的人」等基準來選擇，你就會更容易吸收書的內容。

再者，在閱讀「喜歡學習的知識人」所撰寫的書籍時，比起理解書本內容與訣竅，我更希望各位去感受他們傾注於「學習」、「鑽研」與「研究」那非比尋常的熱情、愛情。為什麼他們能夠覺得一點也不「有趣」的「學習」如此「有意思」呢？只要你有辦法產生共鳴，那他們「喜歡學習」的心境鐵定也會傳染給閱讀方的。

【喜歡上學習的方法4】
去見喜歡學習的知名人物

直接傾聽，學習的深度會加深好幾倍

人類想要改變行動，就必須要讓「感情運作」。

閱讀讓人感動的書籍，你會想要去實踐看看，但看了平凡的書，你就不會想著要去執行。讀書是為了學習的基本工具，但要邂逅「讓人極度感動的書」可沒有那麼容易。

為了大幅度牽動感情，比起「看書」，最好直接去見對方，「傾聽對方訴說」。在

大多數的情況下，直接傾聽會讓感情產生動搖，你會感動並有股衝動想著：「我絕對要試試看！」

以前我曾聽過腦科學家池谷裕二先生演講，在最近出版的幾本腦科學書書腰上，也有寫著池谷先生的推薦留言。作為日本的腦科學家，他可以說是最為活躍的人吧。那是一場精神科醫學會的來賓演講，演講標題是「共鳴與創傷的神經迴路機制」，相當正式。正好那時我才剛看完池谷先生的著作《加強記憶力　最新腦科學所闡述的記憶機制與鍛鍊方法》（暫譯，講談社），我就抱持著滿滿的親切感去傾聽。

池谷先生著作的特徵在於書中充滿十足的科學根據，文章讓初學者也能輕易理解，內容刺激讀者的好奇心，而他的演講和著作完全相同，兼顧「說服力」和「淺顯易懂」，正適合用來刺激對科學的知識好奇心，非常優秀。

我看過許多腦科學的書籍，而池谷先生的著作再次讓我感受到「腦科學的研究實在很有趣」。聽完演講後，我成了池谷先生的粉絲，同時也再度認知到「腦科學」這門學問的「深奧」與「有趣」之處。

池谷先生本身也非常喜歡研究。他的演講中充滿了這種「開心」的能量，我也深深感受到「研究」、「體悟」與「學習」竟然是如此令人興奮又開心的事情。

只要像這樣直接傾聽「喜歡學習」之人闡述，你就會喜歡上學習。「學習究竟哪裡有趣了？」這等疑問也會在一瞬間瓦解，並對「喜歡學習」的能量完全產生共鳴。

假如你看了書之後心想「這個人的書真有趣」、「這個人的書好有深度」、「這個人的知識、經驗好厲害」，那麼，我建議你務必直接去聽對方闡述。

【喜歡上學習的方法5】加入「學習」的社群

重要的事物都是人生中的前輩教導我的

要說到我喜歡上「學習」、「加深知識」的契機，我會回想起大學時我隸屬於札幌地區電影交流會「Movie Fan」（由高並真也先生主導）的事情。

該交流會的特徵是有許多不同年齡層的人，每月的例行聚會都有十幾個人參加，高中生兩人、大學生兩人、二十多歲與三十多歲等不同世代的人們各二到三人，甚至還有七十歲以上，宛如「電影活字典」一般的人，男女比例約一半一半，成員的組成平衡非常好。

全日本有許多電影交流會和地方社群，不過我想年齡層廣泛，從高中生到七十歲以上成員都有的這等超越世代、能夠互相熱情闡述電影的交流會並沒有那麼多。

我從「電影活字典」先生口中聽聞了無聲電影時代的故事以及戰爭前電影院絡繹不絕的盛況，也聽一名男性電影狂熱者說著：「要談論政治懸疑電影，可不能不看科斯塔・加夫拉斯（Costa-Gavras）導演的作品《大風暴》」，當對方介紹自己並不知曉的過去名作時，我每次都會有新的體悟和學習。

我們的例會都會決定好「課題作品」並重新鑑賞一遍，全員發表感想。由於有許多不同年齡層與職業的人，即便看的是同一部電影也會出現完全不一樣的意見，這點讓我相當驚訝。有趣的是，每次我們都會分成贊成與否定兩個論點，激烈辯論，我也因而讚嘆「原來還有這種看法」、「我都沒有考慮到如此細微的事情」等等。

當時我所領會到的道理——「縱使看了同樣的事物，人類也會有完全不同的感受，持有不同意見」，也是我在人生中非常重要的發現。此思維對精神科醫師來說是不可或缺的，現在我作為作家撰寫本書的瞬間，也時常會意識到「要如何傳達內容給擁有多樣性的人們」。

在大學六年間我前往「Movie Fan」，有了數不盡的發現與學習，自己成長的幅度也超乎我想像，讓我心中充滿感謝。「重要的事物，都是人生中的前輩教導我的。」我如是想著。

參與學習的社群，由該領域的大前輩們直接教導。「請對方教導」其實也沒有那麼死板，只是一同討論，就會學到驚人的知識，我想你鐵定會喜歡上學習與鑽研的。

一旦參加「學習的社群」，你就會喜歡上「學習」，飛快加速自己的成長。在三十年前注意到這件事情的我希望將來自己也能開創「學習社群」，打造能讓這些「一同成長的夥伴」與不同年齡、性別、職業的「意識強烈者」交流，互相接受正面影響的集結之處。於是我成立了以講師、作家為目標的學習會「Web心理塾」，以及以商業人士為取向學習工作技巧的社群「樺澤塾」。

獨自一人學習並不有趣，只會很辛苦而已。然而，只要和同伴一起學習你就會覺得有趣，也會因而喜歡上學習。

我建議你務必去參加「學習的社群」。社群網路上的社群活動非常活絡，倘若在網路上搜尋，你一定能夠找到非常適合自己的團體。

讓大腦開心、學習變有趣的四個方法——「大腦快樂學習法實踐篇」

得到「學習很快樂」的感受

如果你能夠執行上一小節所說的「喜歡上學習的方法」，那即便你沒有成為「超級喜歡學習！」的人，也會消除不少認為自己不擅長學習的想法，有著「其實學習也是有點有趣」的情緒。

在那之後，就是實際去學習，然後得到「學習很快樂」的實際感受。等到你湧出「學習很快樂」的感受之後，你就會逐漸喜歡上學習，學習的動力也會提升。

當你想著「好快樂！」的瞬間，就開始分泌多巴胺了。此外，分泌多巴胺就代表大腦很歡迎這樣的體驗，大腦感到很喜悅。正因為大腦喜悅，才會藉由多巴胺提升集中力、學習效率、記憶力，而這份體驗、事件也會傳達到大腦之中。

那麼，有什麼方法能夠讓大腦感到喜悅呢？我就來介紹四個具體的方式。

【大腦快樂學習法1】

將學習最大化──「微困難學習法」

「有三成不知道的事情」正好

在下列三種種類的書籍當中，學習最有成效的是哪一本呢？

（1）書中有一成不知道的內容

（2）書中有三成不知道的內容

（3）書中有七成不知道的內容

大家可能會覺得「書中有七成不知道的內容」才能學到許多新知，然而，當一本書裡面有半數以上都被還不知曉的知識給埋沒，就會感到難以理解，要閱讀下去太過辛苦，換句話說，這不會快樂。學習最有成效的是「書中有三成不知道的內容」，這樣能夠輕鬆閱讀，也可以確實掌握新的知識。

此外，由於資訊會以網絡（network）的方式被記憶下來，如果沒有「知曉」某種程度的內容，就不會轉變為網絡。「知道的內容」為七成、「不知道的內容」為三成，大腦才容易以良好的感受將「不知道的內容」轉換成「知道的內容」網絡，也較好聯想，便於留下記憶。

在玩角色扮演遊戲時，每個地下城與各階段都會出現「中boss」，若不打倒「中boss」，就無法進行到下一個階段。在與「中boss」戰鬥時，以下何種模式才會讓你玩起來最開心呢？

（1）在第一場對戰中就輕易打倒。

（2）雖然在第一場對戰中被打得屁滾尿流，不過逐漸掌握戰鬥技巧，在第四次時終於打倒。

（3）就算打了十次也打不贏，完全不知道戰鬥方式的要點。

像（2）這樣的遊戲鐵定最為有趣。（1）太過簡單，（3）又太難，都會很無趣。（2）雖然有點困難，但只要努力，總會過關的。大腦喜歡有點困難，也就是「稍難」的狀態。

在挑戰事物時，大腦會分泌多巴胺。多巴胺是幸福物質，有提升動力的效果，然而，若課題太過簡單或太過困難，就不會分泌多巴胺了。分泌多巴胺會讓你「快樂」，我想這點你也知道才對。

例如，當你在看某種類別的某本書時，倘若有「簡單」、「稍難」、「困難」、「極困難」這般好幾種難易度的情況，你應該要毫不猶豫選擇「稍難」，這就是讓大腦開心的學習方法。

選擇和自己實力相比「稍難」的選項，藉此，你可以讓自己的學習發揮最大效果。

【大腦快樂學習法2】持續下去很容易產生多巴胺——「勤勉學習法」

每天都勤勉學習，大腦就會開心

每天學習三十分鐘，以及星期日統整一週的分量共花三個半小時學習，你認為何者的學習效率比較好呢？

每天孜孜不倦學習的方法又稱為「分散學習」，統整起來學習的方法又稱為「集中學習」，而藉由多項心理實驗已經證實比起「集中學習」，「分散學習」比較容易保留記憶，學習效果也高。原因在於與「集中學習」相比，「分散學習」會因為複習次數增加而容易留下記憶。

此外，由於每天都孜孜不倦學習就會很容易分泌多巴胺，多巴胺的報酬系統是以「報酬」→「分泌多巴胺」→「報酬」→「分泌多巴胺」的循環在運作的。假如一個星期只學習一次，就無法展開多巴胺的循環。要想讓多巴胺的循環順利運作，最有效的方式是每天勤奮學習，一點一滴得出成果。

只要養成每天學習的習慣，就會受到多巴胺的幫助，使學習快樂起來，進入想學習到難以忍耐的狀態。

在自我啟發的書籍中，也很常會寫到養成習慣的重要之處，而為什麼養成習慣如此重要，以腦科學來說，是因為你可以得到多巴胺的支援，動力自然提升。

即便只有短時間也好，養成每天勤勉學習的習慣，你也會覺得學習很快樂，陷入無論如何都想要學習的狀態。大腦，會因為「每天孜孜不倦學習」而感到喜悅。

【大腦快樂學習法3】

大腦也會因「獎賞」而開心——「記錄學習法」

光「記錄」就能得到這麼多效果

即便我說每天孜孜不倦學習會讓大腦開心，但要討厭學習的人每天勤奮努力，也只是徒增痛苦而已。縱使想著「我要每天學習！」，這些人也無法持續一個星期吧。

我每天都會測量體重並記錄下來，而這是減肥過程中不可或缺的習慣。在早上起床淋浴之前，我必定會量體重並記錄在筆記本上。如此一來，你會發現「體重比昨天還要減少了零點三公斤」。只要知道體重比昨天還要輕，一大早就會心情很好，並心想著「就照這樣的狀態努力減肥！」以提升動力。

大腦會因為「獎賞」而感到喜悅，雖說是「獎賞」，也沒有必要用什麼高價的物品當作禮物，小小的成果——也就是「微成果」對大腦而言，就是十足的「獎賞」了，為此，「記錄」不可或缺。

例如，每天都在聽英語會話的人，請把每天聽的時間記錄下來。若你以「一天聽六十分鐘」為目標，等你發現今天聽了八十分鐘之後，這份「太好了！我今天聽了八十分鐘！」的喜悅就會成為大腦的「報酬」，產生多巴胺。

將「今天完成了幾頁題庫」、「今天背下來的英語單字數」、「學習時間」記錄下來也是個好方法。總之，你只要將你自己所做的事情轉變成數值來記錄即可。

達成目標數值、數值比昨天還有所成長，那可是很開心的。此外，若設定英語單字「兩百個」、「五百個」、「一千個」這種中期目標，你就會獲得「這一個月背了兩百個單字！」、「這三個月背了一千個單字！」這種持續性的「報酬」。

只要不斷記錄，每天獲得「報酬」，就能夠持續分泌多巴胺。

我每天都會記錄我 Youtube 頻道的追蹤人數。昨天是一萬三千七百二十人，今天增加到一萬三千七百六十二人，這個差距是「四十二人」。如此一來，我就會因為「一天就增加四十二名追蹤者！今天也要努力更新 Youtube！」而提升動力。

這就是對大腦的「獎賞」。**即便是「數值的變化」、「些微的成果」、「細小的結果」，大腦也會認定為「獎賞」，分泌多巴胺，結果，你因而補足了動力。**

每天持續努力，與給予「獎賞」是成對存在的。每天給予「獎賞」，即可補給讓你堅持勤勉學習的汽油。用勉強、逼迫自己忍受的方式每天面對書桌是無法學習下去的。

【大腦快樂學習法 4】
被他人感謝會成為最大的喜悅──「稱王學習法」

只要打造擅長的領域就會覺得工作上的學習很快樂

我們常常聽到有人說：「若是學習興趣這種自己關注的領域是很開心，但學習跟工作相關的事情就開心不起來」。與工作有關的學習總會伴隨著「義務感」、「被迫感」。

不過，倘若學習能讓你在職場上受到期待、被渴求、蒙受好評、被感謝的話呢？你鐵定會覺得為了工作而學習實在快樂得不得了。

為此，你要在公司「有一技之長」。換句話說，你要能讓他人認為「只要是〇〇的事情，鈴木是最厲害的」。雖說是公司，也會有人數多寡的差別，不過以想像的畫面來說，就是在二十到三十人的部門當中，你要成為某件事情的「第一名」，我將此稱之為「成為一座小山上的王」。

譬如，如果你對電腦的「excel」很熟悉，請你成為部門的 excel 第一名，讓他人說出「講到 excel，就會想到鈴木」。

就算 excel 很厲害，說出來卻可能會因而增加工作，所以在大多情況下人們不會積極展現這項長處。不過，被他人詢問說：「我不太清楚這個表格計算的方式」、「你能否教我函數的使用方法」其實是比較好的，不要隱藏自己的「專長」，積極展現。請你積極教導他人使用方式，就算代為處理工作也別露出厭煩的表情，欣然接受，如此一來，你在職場上就會成為被仰賴的存在。就連上司也會詢問你：「能不能稍微來幫忙一下」，最後，對方會感謝地說：「哎呀，多虧了鈴木，真是幫大忙了」。

或許原本只是單純被當成「電腦宅」的你，也會被稱讚說：「講到 excel，就會想到鈴木」，成為工作上絕對不可或缺的成員之一，晉升為必要的存在。

如果你只想著是「為了自己」就會覺得很辛苦，但是當你注意到這是「為了他人」時，所有事情都會變得開心起來。受到他人信賴、感謝，對人類來說是最大的喜悅。

被同伴信賴、感謝，這就是「學習」的效果。

即便學習也不覺得開心，是因為沒有得出「成果」與「效果」，以及沒有受到他人的「好評」。

「如果是簡報」、「如果是處理客訴」、「如果是勞動法務」、「如果是寫字漂亮」、「如果是修理電腦」、「如果是宴會幹部」……什麼都行，只要成為在公司中有一技之長的人，你就會是「必要的存在」，以及受到公司夥伴與上司信賴、感謝的存在。在職場中成為一座小山上的王，如此一來，你鐵定能感受到與工作有關的學習「很快樂」。

學習並不只是為了自己。你學習是為了教導、傳授，因此也是為了他人，你不僅會自我成長，還能讓他人成長，磨練能力。

這麼一來，你必定會感到「學習很快樂」。第一步，就是儘管只是件小事也無妨，去成為「小山上的王」吧！

第3章

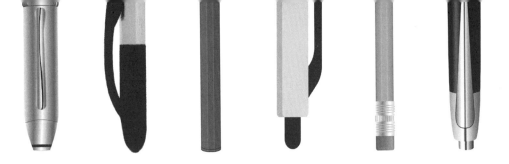

重置人生

——精神科醫師的「大人學習法四策略」

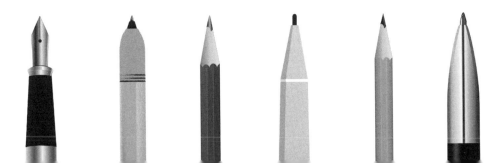

何謂大人學習法四策略？

大人學習與兒童學習最大的差異

大人學習與兒童學習最大的差異在於是否存在只要學習這些就沒有問題的「教材」和「教科書」。大人的學習是沒有教科書的，因此不會知道應該學習什麼才好。換言之，清楚明白「要學習什麼」是大人學習法最初的門檻。

既然大人都要開始學習了，為了別讓學習白費，我就在此說明能夠明確知道「要學習什麼」的四個策略。

【大人的學習策略1】找出長處和短處──「發展長處／克服短處學習法」

首先應該學習什麼呢？

人類想要成長有兩個方法，即是「發展長處」與「克服短處」。

進一步發展自己擅長的領域與能力是「發展長處」，而克服自己不擅長的領域和不熟悉的部分是「克服短處」。在學習方法上也是一樣的，當你在思考綜觀大局的策略時，也只有「發展長處」和「克服短處」這兩個方式。

也有所謂從零開始嘗試自己至今為止沒有經歷過的事或學習新領域的情況，而這代表從零開始學習自己「無知」的領域，因此也包含在「克服短處」之內。

大人的學習很難會知道自己接下來「應該學習什麼」。在此，「發展長處」與「克服短處」這兩個主軸會給予我們大方向。原因在於光只是找出自己的「長處」與「短處」，你就會知道自己應該學習什麼了。

累積成功經驗——「自信滿滿學習法」

那麼，「發展長處」和「克服短處」何者應該優先呢？

若是小孩子，從「發展長處」開始會比較好。兒童的成功經驗很少，也不太有自信，要做些什麼事情時會因為害怕而膽怯。如果強迫這樣的孩子去做他們很不擅長的事情，孩子鐵定會討厭學習。首先就讓孩子做喜歡的事、擅長的事，累積成功經驗，建立自信。

接著，就可以往「克服短處」邁進。

等到充滿自信後，學習的欲望也會猛烈地湧現出來。

工作就從「克服短處」開始——「不能逃走學習法」

小孩子從「發展長處」開始，另一方面，大人從「克服短處」開始思考會比較好。

就假設你很不擅長在眾人面前說話，不過很會寫文章吧。你的短處是「談吐方式」，長處是「寫作方式」。

為了能夠在公司流暢處理好工作，你應該克服你的短處「談吐方式」，還是發展長處「寫作方式」呢？倘若你非常不擅長言詞，或許也會對你在職場上的溝通造成阻礙，在面對顧客或客戶時，你會因為太不會講話而處理不好工作。你沒有必要將「談吐方式」練得極為精熟，但至少要加強到平均的水準，這會大大有助於提升你的工作能力。

擅長「寫文章」此一方面只要好好磨練，就會成為你強力的武器。然而，倘若你是上班族，就很難用你擅長的「寫作」去填補不擅長的「談話」。因此，從「克服短處」開始比較能夠讓你有顯著的自我成長與得出工作成績。

當然，以長期觀點來思考的話，「發展長處」和「克服短處」兩者都是必要的，能夠完美平衡雙方的人就會大幅成長。

當你想要學習些什麼的時候，必須經常留意到這是在「發展長處」，還是「克服短處」。話雖如此，「克服短處」並非易事。有不少人都「不擅長談吐」，而當你詢問這些人：「至今為止你有上過學習談吐方式的課程嗎？」對方會回答：「沒有」若你繼續問：「至今為你有看過有關談吐方式的書籍嗎？」對方依舊會回答你：「沒有」。

如果「不擅長談吐」，那只要趕快克服短處，消除你不擅長這件事情的想法即可，但是大多數人都無法面對自己的這份自卑。面對自己的短處、弱點與自卑，在精神上是很痛苦的。人類，會無意識逃避去克服自己的弱點。

例如，當你去書店看到「談吐方式」與「寫作方式」的書籍陳列時，你會拿起哪一本書並購買呢？多數人會盡可能不去接觸不擅長的部分，因此就拿了自己擅長領域的書籍，畢竟克服短處很辛苦，發展長處很開心。

然而，現在對你而言，最嚴重的問題應該是「談吐方式」。只是，你會因為認為自己不擅長此事，而想逃避去克服「談吐方式」。此時，請你在心中默念：

「不可以逃避」。

動畫作品《新世紀福音戰士》的主角碇真嗣每當駕駛著人造人 Evangelion 出擊時，都會有想要逃走的衝動，然而，他為了克服那份恐懼與不安會幾度默念這句話。

請你也試著默念「不可以逃避」。當你面對自己的短處並打算去克服的那一刻，湧上來的恐懼就會煙消雲散，讓你可以拿起至今為止都無法伸手去拿的「談吐方式」書籍。

只要你能時常意識到自己的短處與不擅長的部分，並抱持著「要想辦法解決！」的想法去解決問題，之後就會輕鬆了。比起長處，短處的發展性會比較大，並產生顯著的成果。如果你能做到這樣，那就太好了。將克服短處轉化為「快樂的事」，攻進讓自己猛烈成長的循環當中吧。

進一步加速發展長處！——「多語言學習法」

我曾與一位會說十五國語言的多國語言者會面。

「要學十五國語言很辛苦吧？」我如是問道，沒想到對方卻泰然自若地說：「完全沒有這回事喔。要學會第二項外文需花第一項外文一半的時間，第三項則是三分之一的時間，第四項是四分之一的時間。在那之後，只要以這些為基礎去記文法與單字的共通點、相異點就好了，因此學愈多語言，也就能夠愈來愈輕鬆去記住新的語言喔。」

這和網路媒體的攻略簡直就是同一個模式。我在一開始成立網路雜誌的時候曾經非常辛苦，花了三年才讓網路雜誌的讀者增加到十萬人。接著我使用推特，花了六個月左右就有十五萬人追蹤。再往後我開始使用臉書，花幾個月就獲得十五萬人的追蹤數。只要攻略了一項，第二項只需花二分之一、第三項則是三分之一的時間，這樣的感受也可以完全套用在我的經驗上。

這在心理學上也已經證明。過去曾學習過的事物會影響到之後的學習，我們稱之為「學習轉移」。**當過去的經驗與學習和後續學習的類似性與共通點愈多，對學習愈會有正面的作用。換言之，我們可以在短時間內輕鬆學會。**

例如，當我們在演唱會上欣賞樂團演奏時，會看見演奏吉他的人在下一首曲子演奏貝斯，再下一首又演奏烏克麗麗，接著又演奏斑鳩琴的場面。我們會心想一個人竟然能演奏四種樂器實在很厲害，其實只要學會了一項弦樂器，就有可能在短時間內學會第二種弦樂器，達到一個人演奏多種樂器的境界。

在發展長處時，一開始要先攻略一種自己擅長的科目、領域、類別。如此一來，就能夠藉由「學習轉移」的效果使下一項學習變得非常輕鬆，相繼攻略第二個領域。借用多語言攻略的技巧，你的成長也會猛烈加速，為此，第一步就是「發展長處」。

具體來說，克服短處要「這樣」做——「無知之知學習法」

哲學家蘇格拉底曾說過「無知之知」，意指知曉自己「無知」的人最聰明，我認為這是個很優秀的領悟。

在學習方法上，「無知之知」的想法也有很大的幫助。**清楚明白自己知道什麼、不知道什麼是很重要的，只要明確了解「自己不知道什麼」，再去學習不知道的部分即可。**就算是要默背一本教科書，先了解「自己沒有記下來」的部分後，就只須徹底背誦那些內容。反覆這麼做，你一定可以拿到滿分，因為你自己「無知」的部分逐漸減少了。

那麼，要怎麼樣才能明白自己知道什麼、不知道什麼呢？那就是「輸出」。不「輸出」，你就不會了解自己知道什麼、不知道什麼。

例如，「寫題庫」即是一種輸出。在寫題庫時寫錯了，你就會發現自己「不了解」

的部分；當你教導他人卻無法流暢說明時，你也會掌握自己「不明白」的內容。

「重新閱讀一次教科書」並非輸出，而是輸入。換句話說，以閱讀教科書好幾次這種輸入方式為中心的學習無法發現「自己並不理解的部分」，到頭來只會永遠處於「無知」狀態。

無法看見自己無知的原因

發現自己「無知」的部分，徹底強化「無知」之處，即可猛烈加快你的成長速度，這就是「無知之知學習法」。然而，以言語來說很簡單，實際上卻沒那麼容易。正如同蘇格拉底所說，達到「無知之知」境界的人可謂真正的賢人，普通人要自覺「無知之知」是很困難的。

現在，心理學已經證明了這點。

心理學家大衛・達寧（David Dunning）和賈斯汀・克魯格（Justin Kruger）曾向受試者進行理論性推論的相關實驗，並讓他們預估自己的成績，發現平均成績處於倒數「百分之十二」的學生，會高度推測自己的理論推論能力為前「百分之六十八」。成績愈差的人，愈不自知自己成績有這麼差，能力不足的人，也不會注意到自己能力不足，這又稱為「達克效應」。真正「無知」的人愈會深信自己「很聰明」，無法自覺自己的「無知」，要達到「無知之知」的境界就是如此困難。

然而，只要透過接受測試、解題庫和向他人說明這些「輸出」的行為，自己「無知」的部分就會明確顯露出來。

活用輸出，意識到自己「無知」的部分並加以強化。藉由「無知之知學習法」，使你的成長快馬加鞭。

【大人的學習策略2】
詳細制定目的與目標——「目標學習法」

我之所以能在一年內飛快提升我那毀滅級英語會話能力的原因是？

我想應該有非常多人正在學習語言。前面我已經談論過我去美國留學前一年拼命學習英文的故事，在此，我想要稍微詳細說明英語會話學校的事。

我在留學之前從事了十五年的醫學研究，在那段期間也會閱讀英文論文、寫英文論文，因此我的英語讀寫能力尚可，不過英語會話能力可是毀滅級地差。在我注意到「這可糟糕了」的時候，我心想：「總之，我就去英語會話補習班上一對一課程吧」。

我先去問了情況，並決定要上每個星期兩次的個人課程，為期半年。一開始會有個人諮詢，我被問了簡單的英文問題，藉以評估我的英語能力。接著，對方問我：「是為了什麼原因要學英文」以及「是為了什麼目的學英文」。

「我從二〇〇四年四月開始必須去美國留學工作，所以才想要擁有在留學時不會造成我困擾的英語能力。」

「能否再具體說明一下情況？」

「我去美國後必須接受教授的指導、撰寫研究計畫並按照指示工作。在進行研究會議時，我想要理解上司所說的話，並進一步闡述我的想法。具體來說，我想要學習能夠和母語人士討論科學議題的英語能力。」

在不斷抽絲剝繭的過程中，我腦中有了非常明確的想法——我想要英語能夠運用、闡述到何種程度呢？」

我到留學之前的期限只剩下一年，因此補習班便以「能夠討論科學話題的英語能力」為目標，為我制定了一對一課程的特別計畫。母語講師每次都會影印科學讀物、報紙、雜誌科學專欄的報導，在我用五分鐘左右大略瀏覽後，老師會問我感想：「關於這些文章，你有什麼想法？」

接著，老師會問：「關於〇〇，你是持贊成的立場還是反對的立場？」並針對該文章開始辯論。講師會故意和我持相反的意見，提出反論，對此，我也會發表我的主張，不斷反駁，也就是採用辯論形式的課程。

最一開始的幾堂課實在慘不忍睹，不過我漸漸記住了辯論時的用語，也學會了議論的體裁。三、四個月之後，我心裡所想的內容已經能夠分秒不差地用言語表達出來。接著到了第六個月，我開始覺得「我講得可真流暢」。

結果到了美國，和上司第一場實驗計畫會議是什麼樣的情況呢……？我大多能聽懂直屬上司——也就是副教授所說的話且沒發生任何問題地結束會議。在那之後，我們也曾因為實驗而辯論過問題點，不過我幾乎不曾在研究方面的辯論上感到困擾過。

也有人即便上了一年的個人課程，也不覺得自己有進步吧？就我來說，我是因為將目標極度濃縮成「能夠討論科學話題的英語能力」並針對此練習，最終才能在這點上獲得自己可以接受的成果。

只要詳細制定好「目的」、「目標」，即可在最短時間內展現出效果！

為何你想要學會說英文？

我身邊也有人正在學習英文，不過當我詢問對方：「學習英語的目的是什麼」時，他們都只會說：「學會說英文感覺將來會比較方便吧」吐露出含糊的目標。

如果目標是「就只想要精通」，那可就很難精通了。

因為想去夏威夷旅行，希望在購物和餐廳用餐時不要有什麼困擾、希望能夠用英文堂堂正正面對國外來的客戶、希望能在國際會議上用英文演講、希望能從美國的大學畢業後在美國的企業就職……等等，這些都是「想要精通英語的人」，不過學習方法會根據每個人的目的而完全不同。

你希望怎麼做？只要清楚想像出你想要成為的姿態，你就能夠找出最佳學習法，明白要達到那樣的境界你應該學習什麼。若只是「想要變得會說英文」，那你就什麼也學不會。

這不僅限於語言，當你想要學習些什麼的時候，要詳細制定好宗旨——也就是「目的」、「目標」，並明確想像自己「想要變成怎麼樣」。光是這樣就能讓你提升好幾倍的學習效果，用最短時間展現出學習成效。

我就將此稱之為「目標學習法」吧。

搜尋通往成功的最短路徑——「搜尋路徑學習法」

我想很多人會利用電車的路徑搜尋和轉乘資訊服務等應用程式，只要輸入「現在地」與「目的地」，程式瞬間就會告訴你能夠在最短時間內抵達目的地的電車路線與轉乘站等，也就是所謂的「前往方法」，是個非常方便的服務。在去不熟悉的地方時，大多數的人都會用手機或電腦「搜尋路徑」，確認前往目的地的方法後再搭乘電車。

學習也是一樣的。「現在地」意指自己的現狀和實力，也包含要找出自己的長處和短處。現在的自己擁有多少知識？這就是「現在地」。至於「目的地」，則是學習的「目標」，這也包含學習之後想要變得如何、要如何運用得到的知識等。

只要知道「現在地」與「目的地」，就能夠看見要怎麼做才能抵達——也就是「路徑」。所謂「路徑」意指學習的方法，即為學習法。

大多數人都會在沒有明確目的地（終點線）的情況下開始學習，那麼，永遠無法抵達目的地也是理所當然的。**不曉得終點線就無法決定學習方法；知道終點線，學習方法自然就會定下來。在開始學習前，請確實設定好目標，找出學習方法吧。**

不能抱持著「總而言之」的心態學習！

我想幾乎不會有不決定目的地就搭乘電車的人吧？光是搭乘電車就覺得很開心的電車宅暫且不論，大多數的人鐵定都是在決定好目的地之後才搭乘電車的。然而奇怪的是在「學習」的世界裡，卻有許多不決定目的地，「總之」先搭乘電車再說的人。

這可以說是與「搜尋路徑學習法」完全相反，為「總而言之」學習法。學習之後想獲得什麼？所習得的知識要如何活用？完全沒有決定好這些目的地，總之就先開始學習，即是所謂的「總而言之學習法」。

總而言之，只要學習英文，在緊要關頭就會用得上。總而言之，先取得理財規劃師的證照，或許總有一天會派上用場。總而言之先從研究所畢業，將來應該會有所幫助……等有非常多人會採用以「總而言之」的心態學習，之後可能會派上用場的「總而言之學習法」，然而，這正是最做不得的「做白工學習法」。

說英文、考取證照、從研究所畢業取得碩士學位，這些並不是「目的」，而是「方法」，是讓你人生變更好的「工具」。然而，前提在於你要能夠完美運用。

「總而言之來做做看」的學習，就只是「雖然我平常沒有在做DIY，不過或許總有一天會用到，先買個電鋸吧」這等愚蠢的事情。即便能說一口流利的英語，倘若完全沒有運用到那份英語能力，就沒有學習的意義，一切都只是徒勞。

沒有目的的學習是毫無意義的。縱使會說英文、擁有證照、取得碩士學位，一旦沒有用處，那就完全不會為你的人生加分，只不過是單純用來「自我滿足」的學習而已，這無非是「無謂的學習」。

總之，在開始學習之前要明確描繪出目標，沒有確切目的的「總而言之學習法」只是在浪費時間和金錢。

【大人的學習策略3】

學習的目的在於得到「體悟」——「《功夫熊貓》學習法」

「終極奧義」就在你心中

我喜歡的電影之一就是《功夫熊貓》。如果你認為「這不就是小孩子取向的動畫嗎？」那可是大錯特錯，電影裡面充滿了能讓你有所「學習」和「自我成長」的啟示，這不是給小孩子，而是我想要推薦給商業人士的電影（※之後的內容會有一點劇透）。

《功夫熊貓》的主角阿波是一隻很喜歡功夫的功夫宅，不過是個「貪吃鬼」，非常不擅長運動。這樣的阿波在偶然之下被選為最強戰士——「神龍大俠」的候補，開始進行功夫的修行。一開始阿波完全做不來，後來他善用「自己最喜歡功夫」的想法和「貪吃鬼」的特長來勉勵自己學習功夫，以戰士的身分成長。

於是，阿波在經過一番努力之後被賦予了武功已經習得完畢的證明「神龍祕笈」，當他戰戰兢兢地打開裡頭寫了功夫終極奧義的「神龍祕笈」時，發現上面竟然……什麼都沒有寫。阿波因為祕笈上什麼都沒有寫而感到失望，然而有一天，他發現了「神龍祕笈」上有著光澤，就像鏡子一般映照出了自己的臉龐。沒錯，「終極奧義」就是「自己」！

換言之，並沒有讓自己變強的終極方法和技巧，假使有，那也存在於「自身」之中。所謂的「終極奧義」並非由他人所教，而是自己「領會」的事物！阿波在察覺到這「終極奧義」的瞬間有了顯著的成長，得以發揮他超群的強大力量。

「終極奧義」是自己所得到的「成長」。當然，這不僅限於功夫，我們每天的學習也是一樣的。

考生學習的目的或許是「增加知識」，不過大人學習的目的在於得到「體悟」。正如同我在第一章所述，大人之所以學習是為了「自我成長」與「自我實現」，而沒有「體悟」，就無法「自我成長」。

「體悟」是「自我成長」的必要條件。獲得「體悟」並加以「行動」，對自我成長來說是非常重要的。

【大人的學習策略4】

看清自己的階段——「守破離學習法」

何謂延續四百年的終極學習法？

在為數眾多的學習方法之中，有一種延續了四百年的「終極學習法」。講到終極，或許會有不少人心想這太言過其實，不過想要在全世界探詢延續四百年以上的學習方法，可沒有這麼多的。

此終極學習法，即是——「守破離」。應該有不少人心想：「什麼嘛，是守破離啊。這方法我早就知道了」對吧？

那麼，你能夠說明「守破離」的意思嗎？我實際問過身邊的人，發現大多數人即便知道名稱，也無法說明意思。倘若無法說明，那就和不知道沒什麼兩樣，你也不可能正在實踐。

據說，「守破離」是源自於茶人千利休的詩歌——「規則需嚴守，雖有破有離，但不可忘本」。在茶道、武道、傳統技藝等的世界裡，此為用來表示師徒關係、學習態度的詞彙，也是為求探究事物的重要知名方法論。我研究了各式各樣的學習法，並得出了結論。無論是在學問、商業、運動還是玩樂，都沒有比這個「守破離」更有效率、不做無謂「學習」的方法了。

從千利休誕生的戰國時代至今已經過了大約四百年，而「守破離」可謂在這四百年「時光試煉」中生存下來的學習法。

若要簡單說明「守破離」，就如同以下：

「守」意指跟隨師父學習門派，並遵守著該門派刻苦努力。

「破」意指徹底探究師父的門派後研究其他門派。

「離」意指集自己的研究於大成，開闢個人的境地，編纂出一套流派。

換句話說，原封不動徹底模仿基礎的，是為「守」階段（初級）。研究他人或其他流派的做法，並進一步成長的是「破」階段（中級）。接著，是探求獨門風格並有所突破的「離」階段（高級）。

首先要徹底模仿基礎，確實學習。下一步，要基於這些基礎去嘗試其他方法或各種模式。最後確立「自己的風格」。

這就是「守破離學習法」。

不可以成為「離離離大叔」！

你是否就是個「離離離大叔」呢？

只要講到守破離的話題，就會有不少人說：「什麼嘛，守破離這種事我當然知道」，但即便知道，沒有實踐就毫無意義。以我的經驗來說，有在實踐守破離或是想要實踐者的比例，充其量也只有百分之十。

大多數人在學習時都不遵守「守破離」的步驟，因此效率才會不好，也一直沒有成長。那麼，他們都在用什麼方式學習呢？那就是「離離離」。所謂的「離」，一言以蔽之，即是「個人風格」。

首先，當這些人想要開始做某件事情時，他們不會向他人學習，也不看入門書籍，而是用自己的方式著手，接著用自己的方式嘗試錯誤，認為自己確立了個人的風格。然而，由於完全沒有基礎，自然無法精通，縱使執行也不覺得有趣。他們無法長久下去，最後半途而廢——這種「離離離大叔」並不少見，若突然就從「離」起手，也會早早從學習「脫離」，走向放棄的悲慘結局。

不學習基礎，一下子就以「個人風格」為目標——只要沒有脫離這等「離離離大

叔」，無論學習什麼都無法精通，更得不出結果。換言之，最終也只是白費時間與努力而已。

不知為何，愈是初學者，愈想了解高階技巧

為什麼我會說大多數的人都沒有遵循「守破離」的步驟，成為「離離離大叔」呢？我就來揭露一個我經歷過的案例吧。

我在二〇一一年左右，曾開設傳授臉書使用方式與活用技巧的研討會，那時候電影《社群網戰》剛上映，爆發了空前絕後的臉書風潮，突然出現了好幾百萬人開始使用臉書。於是，我心想：「若舉辦臉書初學者取向的研討會，參加者鐵定會蜂擁而至」，便以「可以簡單明瞭地學會臉書技巧！」為宣傳標語，開始募集研討會的參加者。

結果，二十四小時內只有三個人申請，我判斷再這樣下去不行，就整個重新撰寫了申請頁面，將研討會的方向轉為「可以學習日本最新、最先進的臉書高階者技巧！」。讓人驚訝的是，二十四小時就有大約三十個人申請，規定人數一百人的研討會只花三天就額滿了。

不過，這個故事還有更驚人的結果在等著我們。在研討會當天，我為了確認參加者的等級，便詢問大家：「已經用臉書多久了」，結果用了臉書三個月以上，可以稱之為中級者的只有十個人。剩下的九十人，都是才剛開始用臉書的初學者。

我的公司至今為止已經舉辦過超過一百次的演講與研討會，並幾度確認愈是強調「可以學習最新最尖端的技巧」、「可以學習高階技巧」，初學者愈會摩肩接踵而來。初學者更會不自量力地想知道高階技巧，也不學習基礎，只想以個人風格為目標，因此，才會成為「離離離大叔」。

你沒能成長的原因就在於此！——「符合守破離法則」

只要瀏覽網路書店的書評，經常會看見有人批評說：「沒有寫自己想看的內容」、「只寫自己已經知道的內容」等。我的書也被寫了這樣的書評，不過從作者的立場來說，我就會疑惑為何會去買沒有寫自己想看內容的書。

去了書店，拿起書本，看一下目錄，整體大略翻過之後，因為覺得「這些內容我想看」，才會特地掏錢出來買書。就連在網路書店下單也是，大多情況下書本的介紹欄位上都會寫出詳細目錄，即便沒有寫，也可以從「免費試閱」的專區確認包含了「目錄」的書本開頭部分。

「沒有寫自己想看的內容」就代表在買書時沒有做「選擇書本」的作業。會買到沒有寫自己想看內容的書，責任不在作者，而是在於買書的人。

買了書以後之所以會發現沒有寫自己想看的內容或是能夠有所學習的內容，是因為發生了「不符合守破離」現象。

事實上，確實有可能在看了書之後發現書中都是自己已知的內容，或是只有在其他書上早已看過的內容。若自己在該領域的知識相當豐富，這就會頻繁發生。

明明自己的知識已達到「高階」水準，買了初學者取向的書後察覺到「沒有寫自己想看的內容」、「只有寫自己已經知道的內容」也是理所當然的。高階者不應該看初學者取向的書，而是看給高階者看的書。初學者學習適合初學者的內容，中級者學習適合中級者的內容，高階者學習高階內容，這就是「符合守破離」的狀態。

換言之，有撰寫自己想知道的內容即是「符合守破離」，沒有撰寫自己想知道的內容，則是「不符合守破離」的書。

瞬間判斷出你是否「符合守破離」的方法

你平常買的書大多「有中獎」呢？還是幾乎都「沒有中獎」呢？只要回答這個問題，一瞬間就能判斷出你是屬於「符合守破離」、還是「不符合守破離」的狀態。

倘若你買的書總是「沒有中獎」，就代表你想知道的內容沒有寫在書上，陷入「不符合守破離」的狀態。另一方面，假使你買的書永遠都「有中獎」，那你則處於能夠有效率獲得必要資訊、知識的「符合守破離」狀態。

有些人總是會留一些負面的評價，這種人怎麼看都是處在「不符合守破離」的狀態，才無法選擇、閱讀「對自己而言真正必要的書」。首先，要明確知道自己想要學習什麼，也就是目標與終點線。接著，選擇最能夠實現你目標的書籍，只要選擇書本的方式恰當，「沒有中獎」的機率就會大幅減少。

學習對當前自我成長而言最為必要的內容，使自我成長達到最大效益，這就是「符合守破離」的思維。資訊與知識也要蒐集「現在」自己所必須的並加以吸收，若非如此，這些就無法成為你「成長」的能量和養分。

倘若初學者想要學習高階者取向的內容，就會覺得太難而跟不上，高階者去接觸初學者的內容，也會因為「都是已知的知識」而無法學到新的資訊。「不符合守破離」不僅無法讓自己成長，還會浪費時間和金錢。

首先要知己——「孫子兵法學習法」

在兵法書《孫子》當中，有著「知己知彼，百戰百勝」這麼一句話。這意指「只要知曉敵人、了解自己，就算戰一百回也不會輸」，詳細分析敵人的實力與戰力，接著分析自己的實力和戰力，這是很重要的。

在「不知己」的狀態下開始學習，只會陷入「不符合守破離」的狀態，學習也無法讓自己成長。為了在適當的守破離程度下學習，必須要掌握現在自己處於守破離的哪個階段。要客觀掌握這些是很困難的，原因在於愈是沒有能力的人愈會產生過度信任自己能力的「達克效應」，愈是處於「守」階段的人，愈會想要學習「離」的階段。

不過，只要將自己「想學」的事物和「對自己而言必要的事物」分開來思考，就能夠看見現在自己的「守破離階段」了。應該要學的不是自己想學的事，而是對自己而言必要的知識和方法。

為此，試著問問自己以下的問題吧。

「守」之必要，在於「基礎」。你有學會該領域的「基礎」並加以掌握嗎？

「破」之必要，在於「其他的模式」和「各種模式」。你有學會各式各樣的模式，到達磨練應用技巧的階段嗎？

「離」之必要，在於「個人風格」。你已經學會了基礎和應用，那麼，你正處於探究「個人風格」的階段嗎？

只要分別問自己這些問題，你就會知道自己處於哪個「守破離階段」了。關於守破離的各階段詳細方法，我會於第四章之後的各個小節介紹。

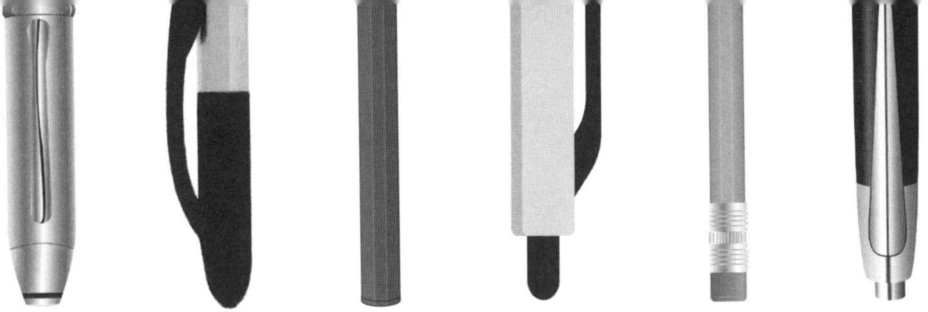

第4章

學習基礎是第一步

── 精神科醫師的「模仿學習法」

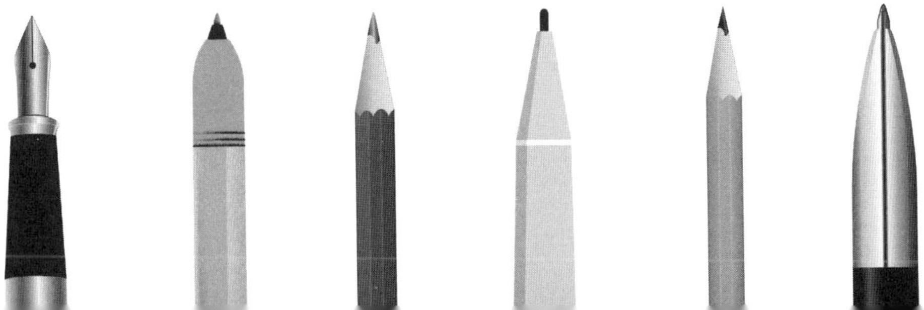

「模仿」可以得到這麼多好處——「模仿學習法」

學習基礎，可以省去工夫與時間——「省略一百個小時學習法」

當你想著「來學習吧！」的時候，最初應該做什麼呢？

首先，你要學習「基礎」。在守破離之中，學習的第一步也是「守」。遵守基礎並徹底反覆去學習基礎，徹底「模仿」師父的動作、想法與心境。在日文當中，「學習」一詞的語源來自於「模仿」，徹底模仿基礎就是學習的第一步，也是最初的步驟。

那麼，為何學習基礎很重要呢？這是因為徹底學習好基礎的人的成長速度會非常快，也能省下大量的時間。就以學高爾夫的情況為例，不向他人學習且只用自己的方式練習一百個小時的人，以及上過三次專業的一小時基礎課程後，花九十七個小時自己練習的人，同樣是花一百個小時練習，誰會比較快精通呢？

我想答案不必說了吧，即便只是一開始幾次而已，只要上過專業課程，就可以學會基礎。在理解基礎後反覆去高爾夫球場練習以及從一開始就完全用自己的方式練習，兩者的精通速度會相差好幾倍。

然而不可思議的是，完全外行的人很少會從一開始就向專業人士學習，而是用自己的方式學到了某種程度，在發現「靠自己的方式一直無法順利」而碰壁後，才會心想「差不多要跟專業人士學習了」，大多數人都是這樣的。在醫生的業界也有很多人在打高爾夫，而我常常會聽見有人說：「如果我一開始有跟專業人士上課就好了」。

能夠用自己的方式練習一百個小時並自行掌握基礎的人是相當優秀的，然而大多數不學習基礎且一下子就追求「個人風格」的「離離離大叔」，都會說著高爾夫球真無聊而放棄。不學習「基礎」，在過程中就一定會「碰壁」。許多人沒能跨越這道「高牆」就放棄了，學習和運動亦是如此。

倘若能夠只花幾個小時就確實學會基礎，即可省下將近一百個小時以上的時間，往後的成長也會很迅速，最終賺到數百個小時，這個時間投資效率實在好到讓人難以想像。

在開始學習某種新事物時，先去看書學習基礎，不然就是直接請講師或老師教授基礎。只須花三個小時的工夫便能省下一百個小時以上的時間，這就是「省略一百小時學習法」。

「模仿」乍看之下很簡單，但大多數人都做不到，亦或者是本人自以為自己有在模仿，其實只是用「無法習得的做法」半吊子地去模仿。

在這個章節，我會告訴各位如何運用最高效率又不會做白工的「模仿精髓」來確實學習基礎，以及應該向誰學習並找出精神導師與指導者的方法。

【模仿學習法1】總之先試試看——「總之模仿學習法」

反映在行動上是第一步

若用別的詞彙來表達「模仿」，即是「總之就先這樣照著做做看」、「總之就照著對方說的做做看」。

總之在看完書之後，試著去實踐書中所寫的內容；總之在參加完研討會之後，試著做做看所學到的內容。你可能會覺得這些很理所當然，不過無論是看書還是參加研討會，其實都很少人會付諸行動。

例如，倘若我向「看了樺澤的讀書技巧相關書籍」者詢問：「你是否實踐了書中所寫的任何讀書技巧？」對方會回應：「我之後會嘗試」。同樣地，我遇到了一個月前曾參加我研討會的人，並詢問對方：「你是否有實行之前研討會所聽到的內容？」對方會回答：「之後會執行的」。

好不容易花錢買書、去聽了研討會，如果沒有反映在「行動」上，那就白費了。儘管只有一項也好，總之，去試著實踐看看，這就是「模仿」的第一步。

一步牽動進步──「小小一步會成為偉大進步學習法」

我從閱讀了《高材生的讀書術》（人類智庫）一書的讀者口中聽聞了感想。

「我實踐了《高材生的讀書術》之中最為基礎的內容，那就是『標註讀書術』，像考生那樣右手拿著螢光筆，將在意的內容逐漸標註起來。第一次用黃色，第二次用紅色畫線標記，就會順利地在唸書時留下記憶了不是嗎？我在高中時代就一直想要嘗試這樣的讀書方法。『書是最重要的寶物』，就某種意義上來說，書真的是很重要的東西，不過我也再次注意到，更重要的是『記住書中寫的內容，轉化為自己的血肉』。一直以來讀書時都不會凹折書本、讓書本有痕跡的我，要用螢光筆標註是相當需要勇氣的。正因

如此，我才能抱持著嶄新的心情一步步留下記憶。」（長野縣，伊東稔）

看了《高材生的讀書術》之後，這位讀者的心聲是總而言之先試著執行「僅透過在書本上標註來留下記憶」的「標註讀書術」。光只是執行書中所寫的一項方法，就能夠得到如此大的領悟和成長。

「這是個人的一小步，卻是人類的一大步。」

這是阿姆斯壯搭乘阿波羅十一號於月球上登陸時所說的話。或許你會認為一開始先「試著模仿」一件事只是非常小的一步，但這一步在往後會讓你有顯著的自我成長以及偉大的進步。無法踏出這最初「一小步」的人，永遠都不會成長。

首先，在看了書籍或參加完研討會之後，執行所學的一件事吧。這一小步鐵定會讓你有偌大的進步。

【模仿學習法2】

直率模仿——「《小子難纏》學習法」

不抱疑問的直率會引導你成長

你知道電影《小子難纏》嗎？這是日本於一九八五年上映的空手道電影，當時蔚為話題。內向的主角丹尼爾被不良少年集團找碴，每天都受到嚴厲的欺凌，過著不好受的日子。有一次，他受到空手道達人宮城的幫助，「想要變強」的丹尼爾成了宮城的弟子，開始學習空手道。然而，宮城卻命令丹尼爾幫車子打蠟、塗牆壁的油漆和磨地板，丹尼爾只覺得每天、每天都在做雜事，終於對完全不教自己空手道的宮城發了脾氣。

「這才不是空手道的練習，快教我空手道！」

沒想到，宮城突然反覆對丹尼爾使出「正拳」，丹尼爾瞬間移動身體，從左右兩側擋下宮城的「正拳」，這和為車子打蠟的動作完全相同，左右手畫圓移動的打蠟動作，其實就是「抵擋」的練習。

沒錯，他本以為只是「雜事」，事實上卻是在學習空手道的「抵擋」，也就是防禦的動作。順利學會此動作的丹尼爾自己也很驚訝，才領悟到宮城命令自己做「雜事」的真正用意。

這是一部三十多年前的電影，不過我至今依然會清楚地回想起這個場景。「學習」的本質、守破離之「守」的本質，完美地凝聚在這個場景之中。

「直率」為終極的成功法則

不會過問他人命令自己所做之事的人，會有所成長。換句話說，這就是「直率」。

只要閱讀自我啟發的書籍，就會發現書中時常寫著「直率的人才會成功」。所謂直率的人，意指不會一個一個過問原因，而是先去執行的人，按照指示去做被指示的事情並直率地模仿。就結果而言，這樣的人會有爆發性的成長。

抱持著「為什麼」、「為何」的疑問是很重要的，不過，不要馬上就提出這些疑問。等自己徹底思考過且能夠做到某種程度之後，你就可以自行引導出答案了。靠自己發現、靠自己察覺，這不就是所謂的「成長」嗎？

這個世界上的人大多都「不直率」，「不直率」的人無論聽到多麼厲害的資訊，也總會說些藉口而不去執行，因此不可能掌握機會，「直率」的人則會先去執行看看。他們沒有先入為主的觀念或個人獨斷，會先行動之後再思考，所以他們的行動比任何人都快。直率的人不會錯過機會，掌握機會的可能性自然很高。

唯有「直率」的人，才能早一步學會新的事物。

「直率」是最終極的成功法則。

【模仿學習法 3】
靠自己「體悟」——「不問為什麼學習法」

自己徹底思考，才會有所發現

丹尼爾就像宮城所命令地那般繼續做著雜事。儘管他沒有很了解，還是照著對方所說的持續做下去，因為，他信賴、尊敬著宮城。雖然到最後總會有點生氣，但他依舊不會問「為什麼」而就只是一直做，這件事情是很重要的。

抱有疑問，提出質疑，你可能認為這在「學習」和「鑽研」上是很必須的，不過在剛開始學習的最初階段——也就是「守」的階段，你不可以這麼做。

你只要照著師父所講的去做即可。接著，你要徹底執行，當你學會的那個瞬間，你自己會發現「某個動作」和「某個舉止」是有意義的。你不會忘記在經過一番努力與辛勞之後靠自己所得到的「體悟」，但他人所說的事情馬上就會忘記了。

「體悟」才是最強的學習。想要將知識、體驗與動作等轉化為自己的所有物，「體悟」是不可或缺的，如果「只是照著對方說的做」、「只是抱持著隨意的態度去做」，那這些都算不上真正的學習。

腦科學家茂木健一郎先生將這個「體悟」的瞬間解釋為「頓悟」（Aha-Erlebnis）。茂木先生闡述所謂的「頓悟」意指感受到「我明白了！」、「我想到了！」、「我發現了！」等情緒的體驗。只要產生「頓悟」，大腦的神經細胞就會在短短零點一秒左右的瞬間一齊活動起來。結果，你看世界的方式改變了，轉化成和至今為止完全不同的自己。

換言之，「體悟」可以讓人類神經細胞的網路瞬間改變，使人急速成長。

為什麼在「守」的階段，不可以問「為什麼」呢？那是因為，自己察覺才會產生「頓悟」，促使自己急速成長，倘若問了他人原因，大腦就不會受到任何刺激，也就一丁點兒也不會成長了。

為了獲得「體悟」，比起隨意地問問題，自己拚死命去思考問題才是更重要的。

【模仿學習法4】
學習師傅的技巧、心境與態度——「模仿狀態學習法」

要如何學習「他人沒有說出口的事情」呢？

按照他人所教導的那般直接學習，這是最重要的「模仿精髓」，不過執行「他人所說的事情」只是最低程度的學習，人類的成長會根據模仿「他人沒有說的事情」到何種程度，以及能夠學習「他人沒有說的事情」到何種境界而有所不同。

也就是說，要學習師父「沒有用言語說出來的部分」，即是「技術」、心境的「狀態」與面對事物的「態度」。

例如，在料理人的世界裡有著這麼一句話——「技術是要用眼睛觀察來盜取的」。或許你會心想：「別再擺架子了，趕快把技術教給我不就好了嗎」，不過從料理學校畢業並學過一輪料理技術之後，你就真能夠做出美味的料理嗎？其實是很難的。

即便技術可以用言語說明，但「狀態」和「態度」是無法用言語來闡述的，既然如此，就只能觀察、模仿並盜取。

以商業來說，這就是「精神」。商業上有著所謂的「訣竅」和「精神」，愈是初學者就愈喜歡「訣竅」和「具體的技巧」，對「精神」沒有興趣。然而，真正重要的是「精神」，沒有「精神」就無法活用「訣竅」，不然就是用了錯誤的方法，到頭來只會失敗。這種商業精神是很難用言語表達的，就算以詞彙的方式呈現，也無法單靠言語傳達，唯有和擁有正確商業意識的人一起工作，才能透過對方的「狀態」和「態度」來理解。

雖然人們曾問過鈴木一朗選手能夠在大聯盟累計打出三千支安打的祕密為何，但那是無法用言語來呈現的，就算做得到，從來沒有站在美國職棒大聯盟這嚴峻第一線的我們，也無法了解那些話真正的意思吧。然而，一朗選手自律的嚴格程度與絕不驕縱、每天持續做嚴酷訓練的「態度」，是我們能夠模仿、學習的不是嗎？

當你想要向他人學習某種事物的時候，除了學習「用言語表達的部分」和「可以轉化為言語的部分」以外，也要再更進一步學習「無法轉化為言語的部分」、「態度」和「精神」。這些是看了教科書和影片也無法傳達給你的，你只能用觀察去盜取、實際觀看去感受和模仿，才能加以吸收。

【模仿學習法5】模仿所有基礎──「二的十次方法則學習法」

只要攻略所有的基礎，就能成為前百分之十

雖說「模仿的精髓」第一步是「總之就先做做看」，很多人卻只會索性嘗試個一兩件事情就滿足了。所謂的「基礎」是在全部做過之後這個「基礎」才會成立，也就是說，如果沒有做完全部是無法精通的。

以數學來說，就不能夠只喜歡微積分，但是討厭機率、統計所以不學習後者。學習

空手道時，由於討厭「踢」就不進行「踢」的練習，像這種人是不可能變強的，唯有做完所有的基礎才會精熟。

儘管如此，在大人的學習方面，會徹底且全面執行基礎的人只有百分之十左右。即便我在我的臉書研討會上教授大家臉書的基本使用方式，大多數人也只會做到兩三件事情，因此得不出成果。倘若沒有結果，就會因為動機無法持續而放棄。當基礎技能有十項時，就必須要學這十項基礎，實踐之後親身體會。

學習技能的個數與結果，可以試想為以下這般。只學兩項技能的人會是二的二次方，結果為「四」；學會三項技能的人會得出二的三次方，也就是「八」的成果。學會五項技能的人為二的五次方，結果是「三十二」，至於十項技能全部學會的人會得到二的十次方，也就是「一千零二十四」的成果。

學習五項技能的人與學習十項技能的人在技能的數量上只差兩倍，結果卻差了三十二倍。

「基礎」是在學習完所有一切之後才會作為一項完整的「基礎」發揮作用，因此只學習部分是沒有用的。在運動與學習才藝方面大家會認為這是理所當然的，然而不可思議的是，在「大人的學習」上幾乎沒有人會徹底實行所有的基礎。

反過來說，如果完全掌握所有基礎，就能成為頂尖的百分之十，有機會能比他人出類拔萃許多。

【模仿學習法6】什麼都不做，全部吸收！──「鏡像神經元學習法」

可以全自動學習的如夢一般學習法

學習是很痛苦且辛苦的事，我想，在頭上綁頭巾拼命努力是多數人對於「學習」的印象。如果不必那麼拼命，能夠更輕鬆地學習就好了。要是能像海綿吸水那般，幾乎所有的資訊與知識都會自動流入腦中，不須要任何努力也會有爆發性成長就好了。但是，怎麼可能會有這種如夢一般的學習法呢……。

不，這種學習法的確存在。你不需要任何努力，僅只須待在那兒，就能夠自動學習。這種如夢一般的學習法，即是「鏡像神經元學習法」。

不暢銷劇團團員法則

你知道「不暢銷劇團團員法則」嗎？

不暢銷的劇團團員在廉價的居酒屋中爭論演劇理論至深夜，這是個再平常不過的光景，但是很遺憾地，無論再怎麼熱烈地討論戲劇理論，也幾乎不會對「成長」有所幫助吧。即使與狀況不順利的夥伴一起摸索「能夠順利的方法」，也不會得出正確的結論。

「不暢銷劇團團員」永遠都這麼不受歡迎，是由於同為「不暢銷劇團團員」一直聚在一起的緣故。他們就這樣沉浸在滿是無法成功的精神、行動、習慣中，要從中脫離是極為困難的。那麼，該如何是好呢？只要與成功的演員一同暢飲，亦或是當成功演員的「跟屁蟲」或「隨從」就行了，去觀察、學習成功人士如何思考、如何採取行動以及具有什麼習慣。

在居酒屋興高采烈地說上司壞話的上班族也一樣，三個做什麼都不順利，只會負面思考的上班族聚在一起，也不可能在討論之後想出很棒的點子或想法，這樣相互訴說上司的壞話消解壓力，只會對彼此帶來負面的影響而已。

有句話說「近朱者赤，近墨者黑」，這在腦科學上來說是完全正確的。

自己與誰交往、與誰相處度日，將會決定你能夠成長多少。如果與不對的人相處或身處於安逸的環境當中，無論多麼努力，你都不會「自我成長」。

鏡像神經元的厲害作用

為何僅是與人相處，就會受到對方偌大的影響呢？這一點在腦科學上有根據嗎？

我想正在看這本書的你能夠說一口流暢的日文，不過，你曾有過拼死命學習日文的記憶嗎？恐怕沒有吧。從懂事開始，你就理所當然地說著日文，仔細一想，這還真不可思議呢！明明沒有拼命學習，卻完整學會了一項語言。

小嬰兒會聆聽雙親所說的話、看著父母的一舉一動並模仿其行為。小嬰兒一點兒也沒有在努力的樣子、也沒有綁上必勝頭巾拼死學習，簡直就像海綿吸水一般，無須任何勞苦，就將自己所見的一切都吸收進腦中。

在小嬰兒面前拍手，小嬰兒也會學著拍手；在小嬰兒面前做出萬歲的動作，小嬰兒也會跟著萬歲。小嬰兒會一邊模仿父母，一邊如海綿般學會語言與動作，簡直就是個「模仿」的天才。

小嬰兒為什麼能夠模仿父母的一切，吸收所有的資訊呢？

那是因為「鏡像神經元」的作用。人類的大腦中存在著會模仿他人動作的神經細胞，稱之為「鏡像神經元」，這個鏡像神經元具有模仿一切所見事物的特質。小嬰兒的大腦尚未發育成熟，正急速成長，因此鏡像神經元相當活躍，能將所見的事物全部如同海綿吸水一般，轉換為自己的所有物。即使沒有像小嬰兒那麼活躍，人類在長大成人後，鏡像神經元也經常在活動。

我們人類會有模仿所見一切的傾向。只要理解這個鏡像神經元的特性後，就算完全不做任何努力，也能夠全自動學習了。

若要和優秀的前輩與怠慢的前輩合作，你會選擇何者？

在業務部門工作的你，都會以兩人一組的模式去跑業務。與身為公司內頂尖業務員的B前輩搭檔時，一整天你們都會一起行動，你每天聽著B前輩簽約率超高的話術，得以吸收B前輩工作技巧的一切，好比受客戶喜愛的方法、時間管理和行程管理等。

縱使B前輩沒有特別親自教導你，光只是和B前輩一起行動，他超強的工作訣竅也會輸入至你的腦中。

另一方面，由於這個「全自動學習法」的效果實在太好，也會有極為危險的部分，譬如和對工作不太熱心的C前輩搭檔時。總之，C前輩經常休息，每去拜訪客戶一次就會以「反省會」的名義去咖啡廳喝一杯。前輩對工作沒有熱情，只想著要偷懶，如果和這樣的C前輩一起行動一整天，你會變得怎麼樣呢？會成為幹勁十足的業務員嗎？C前輩的「怠惰癖」鐵定會傳染給你吧。

鏡像神經元不會判斷好壞，就像小嬰兒會直接模仿父母不好的習慣或粗魯的用詞，你如果經常接觸「負面的行動模式」，就會無意識地模仿起來。

與領先兩步的人來往

思考模式、行動和習慣是絕對、確實會傳染的。

鏡像神經元會複製自己周遭人們的思考方式、行動，並擅自輸入至自己腦中。如果朋友們熱衷學習，自己也會變得熱衷學習；倘若朋友們都貪玩，自己也會變得如此。

老師、講師、教練、精神導師、指導者——「要從誰身上學習」是非常重要的問題，而「和誰一起學習」與此同等重要。

我們常聽到一句話說「五名與自己親近的友人其年收入平均下來，就是自己的年收入」。實際計算過後我們就可以了解，數字基本上是很接近的。也就是說，人類會和與自己相同程度的人來往。反之，假使和這些與自己相同程度的人來往，鏡像神經元就什麼也學不到，因此永遠無法成長。

想要進一步自我成長其實是很簡單的事情，只要與領先自己的人們交流，並盡可能將大部分時間拿來跟這些人相處就可以了。**與程度顯著高於自己的人們共處一室，度過共同的時間，你就能夠從中學習到成功者的思維模式、行動模式與發想。這同樣是鏡像神經元的功用，不須要特別努力，你也能夠自動學習。**

不過，縱使邀請程度顯著高於自己的成功人士說：「一起去吃飯吧」對方通常也不會理你。能一天到晚跟在高層級的人身邊自然是很好，實際上卻很困難。那麼，該怎麼做才好呢？

那就是，「跟領先自己兩步的人來往」。

你平常的聚餐多半是跟誰去呢？恐怕大多都是與同公司的人們或是私下跟高中、大學的同學們一起喝酒。與知曉你脾氣的同事或同學們聚餐，實在是件很愉快的事。這是個能提振精神、讓人安心的場合，然而很可惜，要說這種聚餐會不會使你「成長」，其實不然。從學習的觀點來看，也不是說就「學不到」任何事情，只是微不足道而已。

大腦喜歡「稍微有點難」的狀態。如果可以與高於自己程度的人或遠比自己有更多知識、經驗、成功經歷的人在一起，就能夠見識到大量「自己所不知道的事物」，促進成長。心理學上也有所謂的「類似性法則」，人類容易喜歡上與自己有共通點的人，換言之，和與自己相似的人們、與自己同樣程度的人們相處會比較安心、安穩。

一旦與高於自己程度的人們聚餐或是會面，人類便會感到緊張，不過，這份緊張感會成為刺激，促使你成長。

只要去參加各種研討會或是學習會，即可輕易遇到領先自己的人們，我所負責的「Web 心理塾」也是如此。參加者有半數以上都是講師的程度，而三名老團員之中就有一人是正在出書的作者，能夠親自與這些人並肩交流，可謂是「學習類社群」的樂趣。

「樺澤塾」亦然，雖說主要參與者是在公司任職的上班族，不過集結於此的人們都有著「要想辦法打破現狀！」的強烈意識，光是身處其中，學習動力就會提升。

你如果想更進一步成長，就應該留意要花時間與誰相處。只要待在比自己程度高的人身邊，過了數個月或是數年後，你自己也可以達到同等程度。當你將和自己「想要成為的人們」相處一事視為理所當然，那你就必定能成為那樣的人。

從誰身上學習？向誰學習？找出學習對象的三個方法

能不能參加奧運，九成取決於教練

過去，我曾有機會和在IOC（國際奧林匹克委員會）負責加強選手能力的K先生見面。K先生每天都會和目標為參加奧運的強化選手*見面，並與眾所皆知的奧運獎牌得主們深入交流。

對於運動最前線話題興致勃勃的我向K先生提出了疑問。

＊譯註：意指在某運動項目中備受期待的選手，被該項運動相關聯盟指定為重點培育選手。

「在這麼多選手中，有人能夠參加奧運、有人卻無法，其中最大的不同之處是什麼呢？」

K先生馬上回答：

「是教練。能不能在奧運出賽，取決於教練。要說到是否能參加奧運並成功得勝，教練的因素占了九成。」

我也知道指導者的重要性，不過要說教練占了九成……不就代表幾乎取決於教練了，這令我相當驚訝。

難道這和選手的個人資質與努力不太有關係嗎？我再度詢問，K先生回答：「體力優秀、運動資質好的人日本多的是。就某種意義上來說，選手具有這些特質是理所當然的，在這種狀態之下，所有人都半斤八兩。要說到能從中脫穎而出的人有什麼不同，果然還是在於指導者、教練的指導能力差距。」

頂尖運動員和職業運動選手要決定由誰擔任自己的教練是個非常重要的課題。網球錦標賽的選手——錦織圭在決定由張德培擔任教練之後成績大為進步，甚至爬到世界排名第四的故事就非常有名。

然而，就我們的情況來說，很少人會拼命思考要讓誰當自己的老師、指導者，或是要向誰學習。

要從誰身上學習？要向誰學習？

為了有效率學習並得出學習的成效，這個問題極為重要。

接下來我會說明該如何找出學習對象的方法，以便知道要從誰身上學習、向誰學習。

【找出學習對象的方法1】確認精神導師與指導者的差異

何謂精神導師？

你有精神導師嗎？

「說到底，精神導師究竟是什麼？」或許，很多人會這麼問。

「找出精神導師」的思維模式在日本雖然已經逐漸為人所知，不過「精神導師」這個詞似乎還沒有那麼普及。精神導師意指要學習某件事物時的師傅、老師，更廣義來說，也帶有「人生的導師」、「人生目標的人物」之意。

一言以蔽之，精神導師是「你想要成為的人」，例如一名小學生年紀的棒球少年心想：「我要成為像鈴木一朗那樣的選手！」，那麼鈴木一朗便是其精神導師。

在想著「想要改變」的瞬間，人就會改變

我在大學三年級到六年級為止曾擔任家庭教師當作打工。我總共教導過超過十位以上的學生，其中有位讓我印象十分深刻，即是高一的K同學。他是個非常內向的男孩，話不多，很認真，是那種會把作業等被交代的事情確實完成的類型，然而他的成績是中下左右，可說是難以考入國立大學的狀態。他本身很討厭唸書，因此在我教授他有立即成效的默背法與諧音法後，他便覺得唸書有趣，成績也急速提升。

半年後的某一天，他母親面露驚訝地說：「那孩子竟然說想要去考醫學系！」成績水平原本處於不知道是否能進入國立大學就讀的K同學，竟突然說要報考醫學系。

我那時心想原來如此啊，在學習的空檔休息時間，我曾聊過自己的學生生活，譬如

花半年解剖遺體、為了學習身體組織名稱而參加解剖實習的事、還有我在醫院的體驗等，大概是這些點燃了K同學心中「想要成為醫生！」的火花吧。

在K同學脫口說出「想要報考醫學系」時，我的心情變得非常愉快。當他看見我為了成為醫生而在醫學系努力學習之後，他便懷抱憧憬，想要變得跟我一樣。從那個時候開始，K同學的眼神就改變了。他會確實完成作業，並養成每天都學習好幾個小時的習慣。接著，終於到了考試當天。雖然很遺憾地，最後他沒有考上醫學系，不過卻考上藥學系，一開始只是「總之隨便念那一間國立大學都可以」的等級，沒想到竟然考上了藥學系，偏差值提升了二十以上。

只要認真想著「我想要成為像某人那樣」，人類就會改變並得出成果。

這件事是K同學的「努力」告訴我的。我想K同學是聽聞了我在醫學系的生活後才「想成為醫生」的吧！也就是說在那個瞬間，我成為了「精神導師」。

指導者與精神導師，兩者都在就無敵！

有人說：「我的精神導師是坂本龍馬」，我認為將歷史人物視為精神導師非常好，能從中學習到的事物也會數之不盡，不過會有一個很大的缺點，即是「無法直接得到建議」。因為對方已經過世了，這也是理所當然的。然而，當我們在鑽研、學習某件事物並有所成長的過程中，有個要素不可或缺。

那便是「回饋」，也就是可以修正目前採取的方法是否正確的相關建議。如果沒有「這裡要修正會比較好」、「這樣做會更好」等建議，就會用錯誤的方法做錯誤的練習，浪費時間與勞力。**現實中可以遇到的人、且實際在自己身邊會給予具體回饋的人，才是應該視為老師的人。**

這裡所說的「指導者」，包含運動方面的教練或監督（總教練）、學校或補習班、家教的老師、職場的上司或前輩、經營顧問，還有「生活指導」的老師。對你來說為值得信賴的存在，又願意給你具體建議的人都可以稱為「指導者」。

精神導師是「目標」、「夢想」、「體現出自己未來願景的存在」，而指導者是願意給你具體回饋、建議的實際指導者。只要兩方都有，就能加速我們的成長。

若將「指導者」與「精神導師」分開來思考，你就會知道應該向誰學習，並輕易找出自己的精神導師了。對於目前隸屬於棒球社，未來想成為職棒選手的高中生來說，「鈴木一朗選手」是精神導師，指導者則是「棒球社的監督」。想變得像鈴木一朗選手一樣，但是又無法直接得到一朗選手的建議，故接受身邊監督的實務指導，就是這個意思。換言之，精神導師為歷史上的人物是無所謂，但歷史人物無法成為你的指導者。

當然，偶爾也會有「精神導師＝指導者」的案例，譬如錦織圭選手將張德培視為教練，而錦織圭選手現在的目標是在網球大滿貫上得到冠軍。張德培是網球四大滿貫及ATP年終賽男單的最年輕冠軍紀錄保持人，也是世界上唯一一位獲得大滿貫冠軍的亞裔男子選手。

錦織圭選手的目標是「自己也想要像張德培一樣，在大滿貫得到冠軍」，因此對方既是指導者，也是精神導師。

想要變成像對方一樣——能夠直接得到極度憧憬之人的技術性指導，在「學習」的意義上來說是最好的方法。

【找出學習對象的方法 2】

找出「自己也想要變成那樣」的精神導師

精神導師要這樣去發現

我經常會聽到有人說：「沒有精神導師」、「找不到精神導師」這種話，即便心想著：「自己的精神導師在哪裡呢？」而著手尋找，也依舊找不著。這是因為，縱使遇到了精神導師，我們也不會認為「這個人就是我的精神導師」。

最一開始，我們會湧現出「好厲害！」、「好帥氣！」的情緒，接著，如果產生了「我也想做看看」、「我也想變成像那個人一樣」的想法，那對方就是精神導師了。

精神導師即是「自己也想要變成那樣」的人，故只要去找，便一定能找到。當閱讀的書籍夠多，就一定會有人能夠帶給你「這個人真厲害，我也想做同樣的事」的想法，不然去看《情熱大陸》或《所羅門流》這類電視播放的人物側拍紀錄片也可以。

一旦你覺得「這個人好厲害！」時，就直接去見對方。假使對方是知名人士或知識分子，應該會舉辦不少演講、研討會或活動等才對。直接見面可以得到強烈的啟示，並讓你瞬間判斷出是否該以對方作為模範。

模仿外觀與行為——「濱崎步學習法」

這是很久以前的事了，崇拜濱崎步的年輕女性們曾經發起過完全模仿濱崎步髮型、妝容、打扮等的風潮，我還記得當時大量出現長得像濱崎步的辣妹。

徹底模仿自己憧憬的人是一件好事，只要模仿對方的外表、行為等，就能夠接近對方的內心。

如果對方是你在學習方面的精神導師，倒沒有必要連對方的打扮或髮型都模仿，不過要是能模仿生活習慣或是生活風格，那就去模仿吧！亦或者是徹底模仿對方年輕時做過的事情、學習方法或練習方法等。倘若精神導師有著作、傳記或自傳，閱讀這些作品會成為很好的參考來源。

我對我的精神導師——電影評論家荻昌弘先生的憧憬

我有好幾位精神導師，而人生第一位精神導師是電影評論家，同時也是《星期一路演》（月曜ロードショー，暫譯）的解說員荻昌弘先生。我從小學五、六年級開始就深陷於電影之中，國中時每個星期都會看大約五部電視上西影劇場播的電影，一個月看二十部左右吧。當時有很多像淀川長治先生、水野晴郎先生等有個性的評論家，其中，我憧憬著荻先生那般分析非常淺顯易懂，卻又有深度、尖銳的解說。

在小學六年級的聖誕節，父母買了錄音機給我，而說到我最先錄了什麼，便是荻先生《星期一路演》的電影解說。我會將錄音帶錄好的解說「節錄」成文字，反覆閱讀，去分析荻先生「淺顯易懂的解說」中有什麼奧祕。現在想起來，一個小六生竟然會做這種事情，連我自己也感到驚訝。

接著，國中一年級的時候，我在報紙上發現了令我又驚又喜的資訊——上面印著「荻昌弘演講會」的字樣。那位只有在電視上才能看到、我所憧憬的荻先生竟然要來札幌演講，這實在太難得了。演講是免費的，不過必須從數百人中抽籤，我用零用錢買了三十張明信片報名，結果抽中了兩張，就和母親一起去聽了。

平常我在電視上都只能聽個三分鐘左右的解說，而那天是長時間的演講，談的是剛上映的電影《木鞋樹》（The Tree of Wooden Clogs，暫譯），這場講座真的令我很感動。

除了電影評論之外，荻先生也會寫美食評論、音響評論等，在聽了荻先生的「堅持」

後，國中一年級的我便下定決心，心想：「能把電影、美食或音響等自己的興趣當成工作真是太棒了！」、「我也要成為像荻先生那樣的人！」

這不單單讓我決定要成為「電影評論家」，我也察覺到，原來可以把「作家」與「演講」活動等「自己喜歡的事情當成工作」。

在這之後，我升上大學，開始認真撰寫電影評論，並向《電影旬報》的〈讀者電影評論〉投稿。〈讀者電影評論〉的採用率據說只有百分之幾而已，不過我通過了這扇窄門，刊載了約十篇評論。

我以撰寫影評為目標，沒想到在大學五年級的時候，荻先生就過世了，才六十二歲，相當年輕。當時失去了精神導師的我非常沮喪，不過我擅自深信「我就是荻昌弘先生的繼承人」，並持續寫電影評論。

在網路登場後，我開始於網站或網路雜誌上刊載電影評論與電影解說。二〇〇二年出版了我的處女作《星際大戰「新三部曲」完全解讀本》（三一書房，暫譯），二〇〇四年開始撰寫的網路雜誌《起始於芝加哥的電影精神醫學》（暫譯）讀者最多有五萬人，發展為日本最大型的電影網路雜誌。再者，我還於二〇一二年出版了《父親消失到哪裡

去了呢　用電影闡述現代心理分析》（學藝未來社，暫譯），是一本相當厚實的電影研究書，用心理學來分析電影。

最近我開始會收到來自雜誌、週刊誌等的電影執筆委託，就算是自稱為「電影評論家」我也不會覺得害臊了。此外，我也出版了許多像這本書一樣的商業書籍，做自己喜歡的事情，從事「作家」與「演講」的工作。對於美食，我也很有自信。現在，我自認我已經非常接近荻昌弘先生了，這就是所謂的「擁有精神導師」。

「想要成為那樣的人」並徹底模仿對方的做法，最終，你就能夠成為對方。

【找出學習對象的方法3】
自己發揮熱情，與熱血講師相遇

何謂在補習班邂逅的熱血講師？

要尋找精神導師難度可是很高的。或許大多數人會心想，第一步就是希望能夠與願意熱心教學的講師、老師相遇吧。

《後段班辣妹應屆考上慶應大學的故事》（圓神出版）一書成為暢銷大作，電影版也大受好評。看過這本書或是電影的人應該會期望著「能遇到熱血老師！」，不然就是想把自己的孩子送給這些老師教吧。

而說到這種熱血老師，是否只會在電影或偶像劇的世界裡出現，現實世界並沒有呢？我認為，老師其實意外地就在我們身邊呢！

講到「熱血講師」，我會回想起以前在補習班時代曾照顧過我的寺井老師。重考生時代的我曾就讀過「札幌補習班」並在那裡接受寺井老師的英文（長文英譯）課程。老師的講解仔細又好懂，經常會在課程的最後跟學生說：「如果有不明白的地方，隨時都可以來找我」。話雖如此，光是報考醫學系、牙醫系的班級就有一百位左右的學生在聽課，要前往講師室去問個人問題的難度太高，實際上，也幾乎沒有人會去問。

我的英文稱不上是擅長或不擅長，我的煩惱是在寫英文讀解題的時候會花太多時間，想知道有沒有方法能夠縮短。就在某天的課程上，寺井老師一如往常地說：「如果有不明白的地方，隨時都可以來找我」我下定決心去拜訪位於講師室的寺井老師。雖然只有十分鐘左右，不過老師非常仔細地教導我英文讀解的祕訣，最後，寺井老師如是說了：

「果然，所謂的英文讀解啊，一定要靠大量解題去習慣的。我星期六下午有個『週六研討會』的課程，你要不要也來參加看看呢？」

於是，下一周的星期六下午，我忐忑不安地前往寫在記事本上的授課教室。有大約十五名學生正在教室裡拼命地寫著英文讀解的習題。該研討會的運作機制是等學生解開問題後將講義拿給老師，請老師批改並個別給予建議。

星期六的補習班只有上午授課，下午是自由時間，老師也不必上課，因此寺井老師才運用那段個人時間為不擅長英文的學生開設「週六研討會」，即便如此，他也完全沒有賺到任何一毛錢。雖說學生能夠接受個別指導的時間有限，不過老師會回答任何有關英文的問題，真的非常有幫助。在這之後的半年左右，我掌握了英文讀解的祕訣，閱讀英文變得愈來愈快樂。

這個「週六研討會」是寺井老師的個人指導，沒有寫在補習班的課程表上，如果寺井老師沒有直接邀請，學生就連這個研討會的存在都不會知道。多虧我偶然之下鼓起勇氣去講師室問問題，才得到了參加「週六研討會」的權利，就某種意義上來說，我是被老師「選上了」。

現在想來，我還真是被寺井老師的「週六研討會」給拯救了呢！至今仍滿懷感謝之情。補習班的講師很少，學生卻非常多，講師願意直接給予學生建議，實在是非常寶貴的一件事。寺井先生毫無疑問是「熱血講師」，他為了想辦法提升學生的英語能力，甚至不惜運用自己的私人時間進行指導。

與熱血講師的相遇就從「自己開始」

所謂的熱血講師，其實意外地就在我們的身邊。

不過，熱血老師不會像松岡修造先生*那樣火力全開，每天都給予建議，不然根本無法維持能量。

補習班的老師或講師會盡全力影響有幹勁的學生或考生，但是過度介入不積極的學

＊譯註：日本前網球選手，現在負責培養後繼人才並擔任體育節目的解說員等。

生只是單純的「多管閒事」，倒不如說老師鐵定會被這些學生敬而遠之吧。

寺井老師的態度與其說是「熱血」，不如說是「開放」。如果有不明白的地方，隨時都可以來問，而只要來問問題的人，老師就會全力教導。「週六研討會」也並非強制參加，而是秉持著「想來就來」的態度，藉由這種「開放」的作風，去選擇出真正有幹勁「想要做些什麼」的學生。

很多人對於熱血老師的印象都是在我們有困難的時候對方會向我們搭話、熱心地給予各種幫助，不過實際上並非如此。老師要兼任數個班級並教導數百名學生，所以無法做到這種事，然而對於造訪老師、開啟「大門」的學生，老師都願意誠心誠意地全力應對。

要與講師或老師相遇並不是「從老師開始」，而是必須「從自身開始」，講師只是永遠秉持著「來者不拒」的姿態，「開放」地等待學生而已，要不要進這扇門是自己決定的。

其實，我們也是抱持著這種態度在當「熱血醫師」。我的診療平時是很冷靜的，不過對於熱切地「真正想要治療！」的患者，我就會誠心誠意、不屈不饒地全力以赴。

要和熱血講師邂逅的方法，就是自己主動穿越那道門，由你先展現熱情。倘若你用

不上不下的態度，講師也不會想全力以赴。

我已談論了補習班的案例，而這個道理可不限於補習班。你想要學些什麼的時候，都需要向講師、教師、老師學習，這些情況全部都是一樣的。

光只是什麼都不做地等待，對方也不會主動接近你，唯有自己展現熱情，才能讓講師熱血起來。

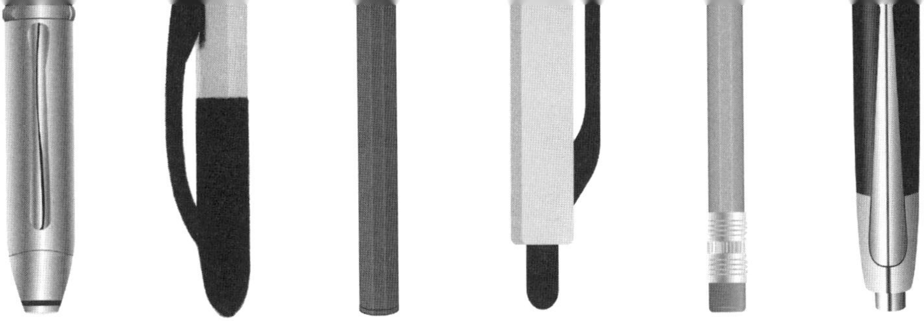

第5章

反覆輸入與輸出

——精神科醫師的「輸入輸出學習法」

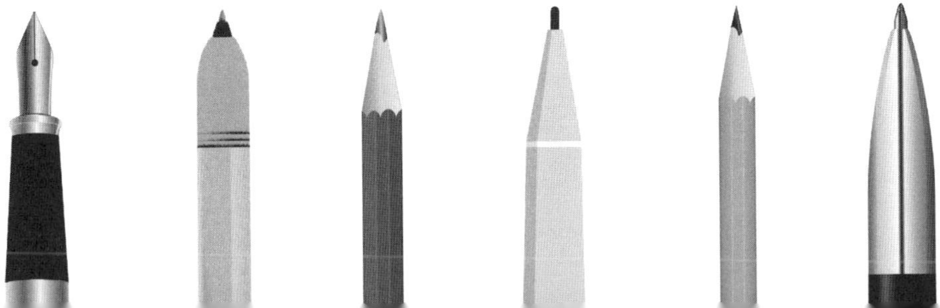

反覆輸入與輸出——「輸入輸出學習法法則」

何謂學習與自我成長之間不可動搖的典範？

在前一章節，我闡述了學習基礎的「守」階段。那麼我們就再更進一步，進入學習各種模式並加以應用的「破」階段吧。

大多數人都不滿足於現在的自己，希望能再有所改變。那麼，該怎麼做才好呢？儘管大家都有「只要學習就能自我成長」這種含糊的印象，卻鮮少有人知道具體而言應該做什麼吧。

我活用了這五十年來自己的學習經驗，以及三十年來教導他人學習的經驗，打造出了「學習」與「自我成長」之間不可動搖的典範。

我耗時八年將這個典範落實在我所主宰的「Web心理塾」與「樺澤塾」中超過一千名成員上，並確信這是個「能夠重現的自我成長典範」，只要實踐就必定會得出結果，終於能夠對外公布。首先在本章，我會詳細說明得以使自己爆發性成長的「輸入輸出學習法」法則，以及其具體的實踐方法。

【輸入輸出學習法法則1】

反覆輸入與輸出是終極方法——「成長的螺旋梯法則」

受到暢銷作家們所支持的「自我成長」法則

何謂能促使「自我成長」的法則？

從結論來說，便是先輸入，等輸入後再輸出，輸出後又繼續輸入。**藉由反覆輸入與輸出，人類就會像爬螺旋梯那般自我成長。**

雖說是反覆輸入與輸出，不過這並不是像個圓一樣在同個地方來回。每當輸入與輸出一周，你就會逐漸成長，就結果而言，你透過反覆做一樣的事情，即可像在爬螺旋梯一般一點一滴地成長。我將此稱之為「成長的螺旋梯法則」，反覆輸入與輸出可說是最終極的學習法。

輸入之後輸出，關於重複此步驟的重要性，我並不是第一個闡述的人。

作家立花隆先生在著作《「智慧」的軟體》（暫譯）中曾闡述「透過不斷輸入所累積、形成那豐富且充滿個性的智慧世界，正是良好的輸出土壤」。該書的主旨是在告訴讀者輸入與輸出正是知識生產活動的主軸，並詳細介紹了立花先生的資訊收集、整理等「輸入」行為和「書寫」這等「輸出」行為。

其他還有像是美國的暢銷小說家史蒂芬・金，他將自己撰寫小說的格式整理在著作《寫作：我的作家生涯》（商周出版）中，簡單統整自己成為小說家的方法。

「如果你想成為作家，你一定要遵守『多閱讀和常寫作』這兩項原則。因為這是唯一的方法，成功沒有捷徑。」

換句話說，想要成為小說家，就只能大量輸入與大量輸出。

還有腦科學家茂木健一郎先生在著作《翻轉你的工作腦》（時報出版）中提到「『快樂腦工作術』的精髓只有一句話，那就是『在喜悅中啟動大腦輸出與輸入的循環』」，闡述了大腦循環輸出與輸入的重要性。

正在執行大量輸入與大量輸出的人，才深知這是個高品質的知識生產活動方法。

【輸入輸出學習法法則 2】

善用資訊很重要——「自我成長輸出比例法則」

自我成長與輸出的量會成比例

即使是一年讀一百本書的深度愛書人，也可能會完全感受不到自己有所成長。如果請這類人闡述「最近的讀書心得」，他們馬上就會陷入沉默，閱讀完書之後無法說明感想——倘若只是用這種水準在讀書，那就跟沒看是一樣的。

也有每個月都會參加昂貴的研討會、熱情學習的研討會狂人。然而，明明開始參加研討會已經超過三年，卻沒有任何變化與成長。當詢問這種人說：「你有什麼在研討會上學到的內容且現在正在實踐的呢？」他們馬上就會沉默不語。

可能很多人都認為「只要大量輸入就能得到學習效果並達到自我成長」，這完全是錯誤的。縱使一年看一百本書，一年參加三十場研討會，一旦沒有輸出，就幾乎會忘光那些內容，在現實世界不會產生任何變化。

人類的大腦會強烈記住「會使用的資訊」，反之，「不會用的資訊」則會全部忘記。

「使用資訊」就是「輸出」，在輸出的時候，資訊會被使用並深深地刻畫在腦中，成為你的血肉，你的行為會因此產生變化。輸出會猛烈促使你自我成長。自我成長與輸入量不會成比例，而是和輸出量成比例。

明明有在學習卻得不出成果——這種無法感覺到成長的人早已陷入了「輸入過多，輸出不足」的狀況當中。

比起輸入量，輸出率更重要——「三分之三學習法」

一個月看了十本書，卻連一本書的內容也沒有輸出，那就跟沒有讀書一樣。既然如此，就應該減少輸入的書本量，增加輸出的數量。譬如，你精選要讀的書之後減少為三本，並將這三本書的感想、體悟確實輸出。比起讀十本書的人，這樣不僅比較不花時間，還可以提高自我成長的速度。

輸入後，要盡可能輸出。好不容易輸入的內容卻不輸出，就等同於把輸入的資訊給丟棄了。

【輸入輸出學習法法則3】

輸出是學習的重頭戲！——「輸入為前戲，輸出為壓軸法則」

輸出正是所謂的學習

你去聽了桂歌丸老師的落語會*。首先，有幾位弟子登台表演節目，暖暖場面，接著，在會場的氣氛高漲起來之際，桂歌丸老師終於登場！會場掌聲如雷，氣氛熱烈。在那個瞬間，你離席，然後就走出會場回家了。

我想應該沒有人明明去聽的是桂歌丸老師的落語會，卻沒聽到老師重要的落語就回家的吧？然而不知道為何，在「學習」的世界裡，有許多人在重頭戲登場之前，就中途離場了。有些人閱讀是抱持著「只是閱讀而已」的心態就了事，沒有對任何人闡述書的

*譯註：日本的一種傳統表演藝術，類似於單口相聲。

感想，也不統整對書的想法或領悟。這種讀書方式，就如同去落語會後卻沒有聽歌丸老師的落語便回家一樣。

「輸入」是前戲，「輸出」才是壓軸好戲。

許多人都將「輸入」誤解為「學習」。「輸入」說到底也只不過是學習與記憶的準備罷了，「輸出」才是重點。

「輸入」並非學習，而是好比運動前的暖身操般，也就是為了輸出的準備，輸出才是所謂的學習。

想提升成績就別看教科書了！

很多人都認為「重複看很多次教科書就是學習」，然而，閱讀教科書的行為只是單純的「輸入」，即便反覆看了好幾個小時，學習效果也非常差。一開始閱讀教科書以便理解的過程確實不可或缺，但那只不過是為了記憶的前戲、暖身運動而已。

在那之後，如果沒有搭配像解題庫、一面回想所記憶的內容並寫在紙上等「輸出」的行為，就無法得到充分的學習效果。

所謂的學習，即是輸出。如果你想要得到學習的成效，就必須從以輸入為中心的學習，轉變為以輸出為主的學習風格。

【輸入輸出學習法法則 4】
注意適當的時間分配
──「學習黃金比例──三比七法則」

將輸入的兩倍時間投注在輸出上吧

學習即是輸出。既然如此，只要把大多數的學習時間都拿來輸出，就是個最有效的學習方法嗎？那可不見得。

就以應付考試的學習來說，「閱讀教科書」是輸入，「寫題庫」是輸出。要是完全不看教科書，從一開始就拼命做題庫，任誰也知道這樣學習是不會順利的吧。

那麼，輸入與輸出的適當時間分配是什麼呢？

在《記得牢，想得到，用得出來》（天下文化）一書中，有介紹到哥倫比亞大學心理學家亞瑟・蓋茲（Arthur Gates）所進行的一項有趣實驗。他讓超過一百名小三到國二的孩子們記憶被記錄在名人錄上的人物簡介，並指示他們背誦。孩子們只有九分鐘的時間，而在那之中，每一組會被分配到不同的「背誦時間」與「練習時間」比例。

實驗結果得知，得到最高分的是花費約百分之四十在「背誦時間」上的組別。隨著年紀增長，學生的「背誦時間」會變得愈來愈少，只須花百分之三十在「背誦時間」上即可。我們得以了解關於「背誦時間」與「練習時間」——也就是學習的輸入與輸出黃金比例，最適當的比例為三比七左右。

這個實驗雖只是關於單純的背誦，不過就我的經驗來看，在一般的學習上，大多也是可以套用這個比例。

當你在學習時，請注意要把輸入與輸出的時間分配在三比七左右。用相當於輸入的兩倍時間在輸出上，可以說是很有效的學習方法。

超有效率學習──「輸入輸出學習法四步驟」

反覆進行「概觀」、「輸入」、「輸出」、「回饋」

反覆輸入和輸出即可讓自己有顯著的成長，其中又以輸出更為重要，我想這點各位已經理解了。然而，只是單純反覆進行輸入和輸出也是不行的，正確來說，在輸入前和輸出後分別要加入「概觀」與「回饋」這兩個步驟，學習的成效才會飛躍式提升。換言之，**在學習前要先「概觀」，接著輸入、輸出，最後回饋。回饋的結果會反映在下次的輸入上，再去修正輸入，進一步反覆輸出和回饋。**

反覆進行「概觀」、「輸入」、「輸出」、「回饋」這四個步驟，可以說是最有效果的模範學習法。接著，我就來解說關於這四個步驟的具體實踐方式吧。

【輸入輸出學習法步驟1】

不要偏離重點──「概觀」

不偏離學習重點的「概觀」精髓與實踐案例

你在看書時都是怎麼看的呢？

「你問我怎麼看？當然是從第一頁照順序往下看啊。」如果你是這麼想的，那你還真的非常不會讀書呢，不擅長讀書的人幾乎都是從第一頁開始往下看，不過擅長讀書的人會先大致翻一下，綜觀整體。

首先要看目錄，掌握書的大致內容，接著大略把書翻過一遍，先閱讀在這之中你最想知道的部分，大概花十五分鐘左右，你就可以讀完這本書你最想看的核心內容。像這樣先通讀全書的看書方式，我稱之為「翻書讀書法」。

先大致翻過一次後再從頭開始細讀，即可大幅提升讀書速度，你讀書的深度會顯著加強，書的內容也會更加完美地留下記憶。這不僅限於讀書，可以套用在所有學習上。

你在唸書準備考試時，不可以從出題範圍的第一頁開始溫習。首先，你要大略地將所有考試範圍看到最後，掌握整體，然後回到一開始，重點式學習重要的內容或考試可能會出的部分，重要度較低的內容就先暫緩。學習，應該建立輕重緩急才對。

從記憶的效率來說，從第一頁開始按照順序讀書的「地毯式學習法」可稱之為最糟糕的。倘若從第一頁依序讀，你就會在不重要的部分分配超過必要的無謂時間，在學習上就偏離了重點。根據不同情況，你也有可能無法完全唸完考試範圍。

我們的大腦會用「網絡」的方式來記憶資訊。換言之，要記憶有關連性的事物很簡單，記憶沒有關聯性的事情就困難至極。當你想要記憶資訊時，明確釐清資訊的關聯性——也就是前後脈絡與資訊在整體中的位置，會比隨機學習還容易記在腦中好幾倍。

在開始讀書之前先綜觀「整體情況」，用「俯視」的視角掌握脈絡。藉由這個「俯視學習法」，你會更容易去掌控資訊的前後關聯性，留下記憶，知道「我現在正在學習整體中的這個部分」。

以下，我會進一步說明「俯視學習法」的具體實踐案例。

靠預習概觀整體──「預習學習法」

小學時，我們常聽到他人說「預習和複習很重要」。我們已經知道複習的重要性，但為什麼預習也很重要呢？那是因為「預習」就是「概觀」。

事先知道今天在課堂上會學到些什麼，即可掌握整體。

由於光聽老師講課就能預想今後課程的發展，當然也更容易掌握前後的關聯性、理解老師所說的內容。這些聽到的資訊會成為網絡，不僅淺顯易懂，又能留下強烈記憶。

考試前一定要聽講──「考試策略講座學習法」

以前我在報考威士忌檢定時，曾於考試之前去聽了「威士忌檢定考試策略講座」。只花了三小時，我就有效率地理解了超過兩百頁的威士忌檢定教科書整體內容，以及預估考試可能會出的題目。

在證照考試或檢定考試方面，大多情況下，主辦團體、相關團體和學校組織等會在事前舉辦「考試策略講座」或「事前講習會」。**你應該要參加這些「考試策略講座」和「事**

前講習會」。

在「概觀」整體考試範圍的同時，對方也會告訴你考試的重點、猜題等，這樣你在學習上就會很有效率，不偏離重點、不做無謂的學習。

從整體到細部——「鋼骨大樓學習法」

只要去參觀大樓的工程現場，就會發現從基礎工程到組成鋼骨需要好幾個月的時間，不過在組好鋼骨後，轉瞬間大樓就完成了，這個鋼骨大樓的建法，即是所謂有效率的學習法。

首先要確實打好基礎（基礎工程），學習整體的架構（組裝鋼骨），最後，再學習精細的知識（外牆工程與內裝工程）。在組裝鋼骨的過程中工程也會同時進行，因此作業流程是相當有效率的。**無論是大樓工程還是學習，都要從全體進行到細部才會有效率。**

與「鋼骨大樓學習法」相對照的是「砌磚學習法」。用磚頭建家園時必須從第一排依照順序把磚頭砌上去才行，在過程中一塊磚頭都不能掉，簡直就跟從第一頁開始依序溫習考試範圍的學習法一模一樣，縱使後半部分有重要的重點也不會先去看，我們自然就得知這方法效率非常差。

「鋼骨大樓學習法」會先完成整體構造，很容易建立「關聯性」，而愈有關連性愈容易留下記憶，因此這可以說是能顯著、輕易留下記憶的學習法。

有效活用商業雜誌——「知識目錄學習法」

像《PRESIDENT》、《鑽石週刊》、《東洋經濟週刊》、《日經 Business Associe》這種月刊或是週刊的商業雜誌，對成人的學習來說是很重要的輸入資源。雜誌上會刊登「時間管理技巧」、「筆記技巧」、「讀書技巧」、「邏輯思考」、「心理學」、「統計學」等各種工作技巧，或是像「ＡＩ（人工智慧）」、「機器人」、「年金問題」等近來的科技或經濟熱門話題。

每本雜誌中都會有能夠稱之為該領域第一人的專家們從各種觀點詳盡地闡述一個主題，有新聞、採訪、取材、書評、體驗集等等，文章種類豐富，可以從多樣化的立場來了解該議題。但是，無論是多麼美好的特輯，要說到是否只讀一本雜誌就能夠深入理解該議題，並加以實踐、行動化、養成習慣，這是很困難的。因此，你要將這個商業雜誌特輯作為「學習的起點」，並進一步「加強」輸入的深度，就能夠成為非常有助益的學習工具。

具體而言，倘若撰寫該報導或是接受訪問的專家中有你很在意的人，就試著讀那位專家的一本著作吧。其實每篇特輯報導大多都會介紹一些參考圖書等，透過這種「串連讀書」的方式，就能一口氣加深知識。

光只是在內容廣泛的報導中，自己再追加「更有深度的輸入」，學習效率就會大幅度提升。

正式閱讀一本書時的輔助——「商業漫畫與入門書學習法」

將一本頁數很厚的書讀到最後，對不擅長讀書的人而言是非常辛苦的事，尤其是被稱之為經典、名著的作品，大多都是超過三百頁且很有分量的書。譬如世界級暢銷書——史蒂芬・理查茲・柯維（Stephen Richards Covey）博士所寫的《與成功有約》（天下文化）就是對我帶來深遠影響的商業書。這是一本我務必希望各位能夠閱讀的自我啟發經典書，不過這本書有四百一十六頁，是一般商業書籍二至三本的分量，平時沒有在讀書的人，要讀到最後是非常困難的。

像這種時候，「漫畫版」就能幫上大忙。最近許多商業書都出版了漫畫版，實在不容忽視，就連不擅長閱讀文字的人也能輕鬆翻閱，輕易掌握該書的全貌。

縱使各位想閱讀《與成功有約》，也沒辦法一口氣讀完有四百一十六頁的書，在此，各位可以試著閱讀《漫畫讀通柯維成功學》（天下文化），讀一個小時你就能概觀《與成功有約》的全貌，之後再試著讀原作。由於你已經大致了解《與成功有約》的內容，即使是很厚的書，也會很容易讀、淺顯易懂，大幅增加閱讀的速度。商業書的「漫畫版」，會成為「俯視學習法」的一大助力。

同樣地，**當你想要學習某種新事物時，我建議你先讀「入門書」，掌握全貌**。然而不可思議的是，大多數的人往往都會先挑戰「超難理解的正式書」。

想要了解困難的經濟、經營、科學時要先試著讀入門書，如果有「想要學得更深入」的想法，再試著挑戰原著或是更加難懂的書。就算是正式的書籍，只要先掌握概要，也會變得非常容易理解。

比起「入門書」，多數人都會選擇買「正式書」，不過，這樣是完全無法學會的。

在「微困難」學習法中我也有提到，過於困難的情況下大腦不會感到開心，也就完全無法學習。先用入門書掌握整體樣貌，可說是很有效率的學習法。

背誦策略只須這項就好——「歷屆考題分析學習法」

當我想要開始學習某個領域時，我會從「歷屆考題」開始。話雖如此，我並不是要解歷屆考題，而是調查歷屆考題中曾出題過的部分，在教科書或是教材上塗上紅色的螢光筆。如果是選擇題，除了正確答案以外的陷阱選項也屬於「出題過」的部分，因此我也會塗上螢光筆。

只要回溯個過去五年，會從什麼領域出怎樣的題目、題目難度為何等就會一清二楚，「這部分過去出題了好多次」、「這裡過去都不曾出題過」，像這樣分析即可完全掌握考試的方向，了解「這裡應該會出」、「這裡應該不會出」。

接著，把塗有紅色螢光筆的部分整理成筆記，統整出「只要把這些全部背起來就可以得滿分」的背誦內容最終版本，再以這些內容為優先完美地背誦起來，這就是「歷屆考題分析學習法」。

能以背誦為主的考試或科目只要分析歷屆考題，就可以得到相當高的分數。歷屆考題分析學習法，可說是對有題庫的考試而言最強的學習法。

總之，當你想要學習些什麼時，首先要「概觀」，掌握全體，不要從一開始就按照順序學習，也別只是漫無計畫地學習。先掌握整體、趨勢、方向性後再開始學習，學習的速度或效率就會大幅提升。

【輸入輸出學習法步驟2】
有效提升學習效率——「輸入」

輔助輸出的輸入七項精髓

等輸入完之後，就來輸出吧。我已經特別闡述過輸出的重要性了。

那麼，要說到輸入是否沒有必要，當然並非如此。沒有輸入就無法輸出，而輸入輸出的黃金比例是三比七。

不必花太多時間在輸入上，也可以得到充分的輸出效果，你要將能夠輔助輸出的「有效輸入」銘記在心，提升整體的學習效率。我就來告訴你這些不會做白工的「輸入精髓」吧。

【輸入精髓 1】以輸出為前提的輸入

有個方法可以花同樣的輸入時間，卻使輸入效率大幅提升，那就是「以輸出為前提的輸入」。

假設你被公司選中要去美國視察一個星期，「太好了！可以去國外啦！」你正開心地想著，結果下一秒上司說：「回國之後，我會請你在包含社長和部長的全公司員工面前做一小時的視察報告，那就麻煩你啦。」

「竟然要做簡報，事情變得麻煩起來了啊。」你意志消沉。倘若連社長跟部長都會參加，不上不下的報告是不會被承認的。你得事先預習視察企業的數據，在視察過程中錄下與訪問企業的訪談內容，為了用在簡報上，你還要拍攝許多照片。假使心存疑問，你必須向對方提出問題並加以解決，因此你會卯足幹勁。

「回國後必須在報告會上發表」的壓力會提升你在視察中的注意力與集中力，並讓你的輸入效率突飛猛進。如果只是「回國後提交一張A４的報告書」就好，那你去美國的視察就會成為遊山玩水的旅行。

同樣地，如果在讀書時先決定好「看完之後，一定要在臉書上寫下看書的感想」，那你在閱讀的方式上就會加重好幾倍的深度。

事實上，在看完書後，我會將書評上傳到網路雜誌、臉書、部落格上，而我只要將書評上傳至網路媒體，少則一千人，多則數千人會閱讀那篇文章。一想要會有幾千人閱讀，我就感到非常緊張，正因如此，即使只是看一本書，我也會變得很認真。

如果隨隨便便寫篇文章就上傳，可能會被人說：「明明一副很了不起似地寫關於讀書技巧的書，讀書的方法卻那麼粗淺」既然好不容易上傳了文章，我就希望他人能夠覺得「不愧是撰寫讀書技巧的作者，讀書的方法這麼有深度」。多虧了這種壓力，我才能提升我的集中力，去察覺細微的部分，進一步對書本融會貫通。

「以輸出為前提的輸入」可以在耗費相同時間、體驗相同經歷的情況下，顯著提升能夠從中得到的資訊量與品質。

只要輸出，記憶就會完全固定下來，你的學習效率將會顯著提升。

自己打造輸出的場合——「自我報告會學習法」

也有人從來沒有被委託過要參加報告會、發表會或負責簡報，當沒有人拜託你的情況下，自己舉辦就好啦。

我已經連續三年都去美國進行商業視察，而在回國後，一定會舉辦一百人規模的「美國報告研討會」。多虧了「必須帶回能夠在研討會上發表的發現或體悟」這等輕微的壓力，我才能得到許多寶貴的體悟。

既然沒有受人之託，那就自己舉辦。召集朋友或生意夥伴，縱使只是五人、十人，也會是很了不起的報告會。比起參加的人數，打造「輸出會」更為重要，正因為有報告會才會認真視察，為了準備簡報而整理經驗、體驗更會促進記憶定型。

人數少也沒關係，試著自己舉辦報告會、學習會吧，你會變得能夠意識到「以輸出為前提的輸入」，猛烈加快自我成長的速度。

【輸入精髓2】保持中立輸入！

在第四章，我針對電影《小子難纏》說明了「直率」的重要性，而在輸入時，「直率」也是很重要的。去除偏見或先入為主的觀念，直率地輸入——換句話說，即是用「中立」的立場去輸入。

有句話說「戴著有色眼鏡看事物」，其實我們的看法必定會有所偏頗的。在輸入資訊時，一定要拿下「有色眼鏡」。一旦有先入為主的觀念、偏見，大腦就會屏蔽掉與其不符的資訊，那麼，縱使用眼睛閱讀，資訊也完全不會進到大腦之中。

曾有人做過這個實驗。受試者被要求看穿著白色和黑色運動服的兩組人馬持續傳球的影片，去計算白色運動服隊伍傳了幾次球，而在傳球的過程中，會有個人穿著大猩猩的玩偶裝從中橫越。令人驚訝的是，幾乎一半的人都沒有注意到出現了大猩猩。由於他們集中精神在「計算傳球次數」，便無法認知到映入眼簾這很明顯可疑、格格不入的「大猩猩玩偶裝」。

人類只會看見正在注意的事物，這也可以說是在直接收集資訊吧。你會選擇性輸入與自己眼睛濾鏡相符的事物，並下意識排除其他的資訊。倘若掛著「先入為主」的濾鏡，即使看到、聽聞此外的資訊，也完全無法進到腦中。因此，如果輸入時沒有保持「中立」的立場，就只會收集到偏頗的資訊。

要讓自己的立場保持中立很困難，不過，只要在心中喃喃自語：「總之要先排除這些」，你就能夠有意識地保持中立。你要向自己宣告，總之，先入為主的觀念、信條和信念「要先排除」，當下暫且不做判斷，之後再去整合性判斷。

當你意識到「輸入之後再做出判斷」的想法後，你的立場就會變得中立，去輸入至今為止沒有察覺到的、看漏的及不知道的事情等嶄新的資訊和知識。

【輸入精髓3】網羅有興趣、關注的資訊

一邊想著「有沒有什麼有趣的資訊呢」，一邊滑著手機閱覽部落格或是新聞網站等，轉瞬間就過了三十分鐘以上……這是常有的事情。那麼，你有找到「有趣的資訊」嗎？

即使籠統地搜尋網路資訊，你也絕對不會找到「有趣的資訊」。原因在於只要大腦沒有張開「天線」，就感受不到資訊。

心理學中有一種效應稱為「雞尾酒會效應」，在有許多人參加的雞尾酒派對會場，

人們到處都在討論各種話題，氣氛熱烈，你沒有辦法聽清楚大家各自在討論什麼事，不過當你在某個團體中聽見「自己名字」的瞬間，你是否馬上就將眼光轉向那個團體了呢？

縱使資訊很龐大，你也會選擇性將注意力放在某個資訊上，篩選出那個資訊。這稱之為「選擇性注意」。人類的大腦裝備了感受性非常高的過濾器，只要你平常都會「留意」有興趣或有在關注的關鍵字，就不會錯過重要的資訊。

用「有沒有什麼有趣的資訊？」這種籠統的態度輸入，只是浪費時間。**你要留意特定的關鍵字，唯有從平常就明確地劃分出自己有興趣與關注的領域，才能夠掌握到對你有益的資訊**。請你在Google的搜尋欄位上輸入「有趣的資訊」並點擊「搜尋」看看。搜尋的結果會出現「有趣的資訊」嗎？絕對不會出現的。用這種籠統的關鍵字搜尋，也只會顯示出籠統的資訊。

然而，僅只是明確留意想要了解的資訊，你想要的資訊就會慢慢開始集結而來。一旦回想起自己有興趣的關鍵字，即便是在推特的時間軸、臉書的動態消息、Yahoo! 新聞的熱門新聞等這種有龐大資訊快速流通的地方，也可以馬上映入眼簾。

將情報一網打盡——「拖網漁船輸入術」

平常就要明確確立自己有興趣與關注的領域，那麼，具體而言該注意什麼才好呢？就我的情況來說，我有興趣的對象為「腦科學」、「精神醫學」、「心理學」。再更具體一點，我是對「學習」、「記憶」、「運動」、「正向心理學」、「憂鬱症」、「失智症」、「預防自殺」等詞彙抱有高度的關心，我平時就有注意這些關鍵字。僅只是做到這點，當臉書的動態消息或推特的時間軸當中出現了這些辭彙時，就會自然而然映入眼簾。

只是將「網子」張開放入水中，即可捕捉到大量的魚（資訊），這種如拖網漁船般能將魚一網打盡的輸入法就是「拖網漁船輸入術」。**別去想「有沒有什麼有趣的資訊」，而是「有沒有關於〇〇的資訊」，將注意力敏感地放在有興趣和關注的事情上，你收集資訊的效率與輸入效率就會大幅增加。**

【輸入精髓4】學習不要貪心

我每個月都會舉辦數場研討會，而參加者之中必定會有很熱心做筆記的人，這些人會用驚人的速度，將我所說的話一字不漏地記下來。

偶爾我會在研討會上要求聽眾發言，唯有這種人會出現完全偏離重點的答案。他們會心想：「都花錢參加研討會了，那就一句話也不能漏聽，要帶回許多體悟」，洋溢著求知欲和熱情。他們毫無疑問是熱心向學的人，卻因為過於集中精神在寫筆記，沒有餘裕去仔細理解講師所說的話，也完全沒有精神去思索並從中延伸各種想法，結果就無法得到「體悟」。

愈是想大量做筆記，愈沒有餘裕去理解、思考講師說的內容，彷彿光是聽老師講課就用盡全力的考生一般，你變成在「消極聽課」，與為了得到「體悟」的「積極聽課」漸行漸遠。大人的學習是以得到「體悟」為目的，因此沒有一邊理解、思考，一邊聽講的話就沒有意義了。

外山滋比古先生在《這樣思考，人生就不一樣》（究竟出版）中，提到了「寫字時會專注在寫字上，容易疏忽內容」、「為了寫字，忽略了演講的內容」、「其實專心聆聽，反而比較記得住內容」，要我們注意別過度記筆記。做很多筆記的人會集中意識在「寫筆記」上，對方說話的內容就不會進入腦中，你只是成了傾聽後再寫下來的抄書機器。

你不該動手，而是多集中精神在聽講上。

學習不要貪心。愈是貪心，能學到的東西就愈少。

有體悟到三件事情就好——「剪舌麻雀學習法」

在參加演講、研討會或是讀一本書時，只要有得到三個「體悟」就很足夠了，唯有在得到自己從來沒有想過且瞠目結舌的「體悟」時，再將「體悟」記錄在筆記中即可。或許你會覺得很少，不過如果一天可以有三個體悟，書費或研討會費就完全能回本，還請你放心。愈是貪心，你就愈無法得到體悟。「體悟」是在變成「行動」、「習慣」後才開始有價值的，縱使你讀了一本書後得到了一百個體悟，也不可能把那些全部轉為「行動」、「習慣」。

再者，人類的大腦有容量問題。據說人類的大腦只能同時處理三個左右的資訊，這就是人類工作記憶（Working Memory）的極限。譬如，假使太太對你說：「去超市買納豆、牛奶、洋蔥、白菜、豬肉」回來，你記得住嗎？沒有寫筆記，我想應該很困難吧，不過，如果只有「納豆、牛奶、洋蔥」這三個的話呢？我想你就能夠毫無錯誤地記住。

人類一次能夠記憶、處理的資訊最多就是三個，要是想處理超過這個數量的資訊，大腦就會撐破，全部忘記。有句諺語說「欲逐二兔，不得一兔」，大腦的世界最多只能同時追三兔，「欲逐四兔，不得一兔」——這就是大腦的大原則。

日本有一個名為《剪舌麻雀》的童話故事，眼前有「大的葛籠」與「小的葛籠」，你會選哪一邊呢？幫助麻雀的謙虛老爺爺選了「小的葛籠」，得到金銀珠寶與金幣；剪了麻雀舌頭的貪心老婆婆選了「大的葛籠」，出現了毒蛇、毒蟲還有妖怪，下場悽慘。雙眼被欲望給蒙蔽而選擇「大的葛籠」後，便會失去一切。

學習也是一樣的，愈是想要貪心地「全部學起來」或「學很多」，學習的效率就愈差。大腦的容量最多就是「三個」，謙虛且確實掌握三個「體悟」的「剪舌麻雀學習法」，還請你銘記在心。

【輸入精髓5】一邊思考「問題」一邊聽

在演講或是研討會的最後，都會有個回答疑問的交流時間。我也曾遇到過我在說了「有問題的人請舉手」之後全場鴉雀無聲，完全沒人舉手的場面，身為講師，沒有比這更讓人寂寞的事了。我會因為心想：「他們是不是完全沒有在聽我說話呢……。」而感到失望。聽了他人談話兩小時卻「沒有疑問」，那就跟「我沒有在聽你講話」一樣。

「沒有問題」並不是「沒有不了解的事情」，而是「我不知道自己並不知道」。換句話說，這就是你沒有理解、你理解很淺薄的證據。

「聽人說話」也是一種輸入，不過光只聽他人說話的「消極聽講」一點意義也沒有，你不過是左耳進右耳出，明明跟大家坐在一起，用相同的時間聽相同的內容，光只是聽的「消極聽講」者與一邊聽一邊思考的「積極聽講」者在輸入的品質上完全不同。

將「消極聽講」轉變為「積極聽講」的祕訣，就是「一邊思考問題一邊聽」。在聽講時腦中產生「如果換成自己會怎麼處理這件事？」、「若是○○的情況會變成什麼樣？」、「具體來說會變成怎樣？」等「問題」或「疑問」，就代表正在靠自己去理解、思考與探討聽講內容。

「有問題」表示知道「自己關於哪裡不清楚」。換言之，你知道自己的無知，並早已進入「無知之知」的階段，就會產生非常顯著的進步與成長。

迫使自己問問題——「舉手說『我』學習法」

在參加研討會或是演講時，請於回答問題的交流階段一開始就一邊說著：「我！我！」一邊舉手發問。**你在研討會開始的當下就要意識到「在回答問題的交流時間一定要提問」，然後去聽講師說話。由於從這個瞬間起你就成了「以輸出為前提的輸入」，集中力會猛烈提升**，再加上必須要提出問題，你就會一面深入理解內容，積極聽講，如果腦中出現了「問題」與「疑問」，你也會迅速記錄下來吧。

光只是做到這些，即便是花相同的時間聽同樣的內容，你也能遠比其他參加者更深入地學習。

聽取只為你提出的建議吧——「交換名片學習法」

可能很多人會因為自己害羞，在回答問題的交流時間很難第一個舉手。對於這樣的人，我推薦「交換名片學習法」。

在研討會或是演講結束之後，想要交換名片的聽眾會在講師面前排成一列，每個人能與講師說話的詩間大概有三十秒到一分鐘吧。在這段時間當中，幾乎所有的人都會自我介紹，不過這沒什麼意義，還是不要這麼做比較好。如果你從事非常罕見的職業或是有出類拔萃的成績那自然另當別論，不過講師會跟數十人交換名片，就算你自我介紹，講師也幾乎記不住。

交換名片的寶貴時間，我認為應該要問講師問題。在研討會的過程中思考問題後，直接提問，請講師回答。即使只是三十秒的交流時間，倘若能夠直接從講師口中得到「專屬於你的特別回答、建議」，那可沒有比這更寶貴的經驗了。這個問題與回答不只會明確地刻畫在你的記憶中，你也會抱持著「等等要來提問」的心態去面對研討會，因此你會得到跟「舉手說『我』學習法」同樣的效果。

基本上來說，講師被問了尖銳的問題後，都會心想：「這個人真是深入理解我所說的話呢！」此外，會問「直搗核心的問題」、「機靈的問題」者，才會意外地被講師記住，比起連綿不斷地自我介紹，問一個「直搗核心」的問題更能夠讓講師記住你的臉和名字。

就只是在交換名片的時候提問，光是靠這麼簡單的方法，你就可以飛躍性地提升研討會的輸入效果，講師也會記得你，可謂一石二鳥的「交換名片學習法」。

我希望你務必要嘗試看看。

【輸入精髓6】將資訊／知識的平衡最佳化

所謂的學習即是接收資訊、知識後記下來並加以活用，透過資訊或知識使自己的想法、行動及習慣產生變化，促進自我成長。不過，在瀏覽網路、讀書或聽講時，我們幾乎都沒有區分「資訊」和「知識」就這樣輸入進去了。

一旦搞錯了「資訊」與「知識」的比例，你就會浪費龐大的時間與勞力，特別是從書本、報紙、雜誌、網路等文字媒體輸入時，更必須要注意到「資訊」與「知識」的差異。

「資訊」與「知識」哪裡不同呢？試著將一年前的報紙拿出來讀看看吧，其中「沒有用處的報導」是「資訊」，「有用處的報導」是「知識」。「資訊」是「當季的」，價值會隨著時間經過而逐漸劣化，一年之後資訊大多會失去價值。相對來說，「知識」就算過了數年也不會劣化地太過嚴重，具有某種普世的價值。

所謂資訊會隨著時間失去價值，換言之，由於無法為了未來累積，即使收集了大量的資訊也會變成無法活用，白費功夫。資訊是無法冷凍的生鮮食品，安全的食用期限很短，現在不吃，就只能丟掉了。

收集資訊的訣竅——「二比八學習法」

在輸入的過程中要注意「資訊」與「知識」的平衡，那麼，其比例怎樣才是最好呢？就我的經驗來說，大概二比八左右，只要有這些資訊量就足夠了。

用「現在當季」的報紙、雜誌、網路所進行的輸入，大部分都是「資訊」，而從書本上輸入的大多會是「知識」。也就是說，大略估計，「網路」與「讀書」的比例二比八最好。大多數人可能都會是網路八成，讀書兩成，或是網路的比例更多。如果不反轉現在「網路」與「讀書」的時間分配，增加「知識」，縱使輸入了，也只是浪費時間與資訊。

不要過度收集資訊，因應必要之時收集「現在」必須的資訊，才是不做白工的收集資訊祕訣。

【輸入精髓7】珍惜來自「現實」的輸入

前幾天，我去聽了累積銷售超過六十五萬冊的暢銷系列——《希望這家公司永遠在》（先覺出版）的作者兼法政大學研究所教授坂本光司老師的演講。重視員工及其家人、顧客，這種用愛經營的公司廣受喜愛，最終更成為對社會有所助益的事業，經營者也為了員工而付出全力，這段真實的故事使我流下了淚水。

我都有在看坂本老師的書，也知道「用愛經營」的理念。當天的演講提及了曾刊載在過去著作中的故事，不過實際聽講跟閱讀的傳達方式是完全不同的，會深刻十倍、感動十倍。雖然只是一個小時左右的演講，坂本老師那些透過書本無法傳達的熱情與想法、愛情卻噴湧般地傳遞過來。

我也是經營者，經營著名為樺澤心理學研究所的公司，我並非只為了追求自家公司利益，而是在心中強烈地發誓「必須要對社會有貢獻，用愛來經營」。

多數人都以為在讀了書之後就已經理解相當程度的內容，其實從中能得到的輸入微乎其微，**有些事是須要直接、實際去聽，才能夠傳達到的。**

在書中無法學到的事就從現實世界學習吧——「非言語學習法」

「不是啊，我有確實讀書，就算不實際見到作者也沒有關係吧。」或許有人會這麼覺得。然而，即便是能夠十分深入讀書的人，都很難從書本中接收到「非言語的訊息」。

人類的溝通有「言語溝通」與「非言語溝通」兩種。「言語溝通」意指藉由言語、詞彙的意義來傳達內容，另一方面，對方的表情、視線、語調、服裝、姿勢、動作、手勢、氛圍——也就是氣場等言語以外的所有要素，都是「非言語溝通」。

「言語訊息」雖然能透過書面、郵件、訊息、文件、書籍來傳達，但這些媒介無法傳達「非言語訊息」。郵件或訊息很容易產生聯絡上的誤解，原因就在於無法傳遞「非言語訊息」。「非言語訊息」要直接見面才能傳達。一旦直接見到面，只須花最一開始的一分鐘，不，是最一開始的十秒就能夠瞬間理解「喔喔，對方原來是這樣的人啊」。

接收無法轉為言語、超越言語的「非言語訊息」，這就是實際去聽研討會或演講等的樂趣。由於傳達了「熱情」、「想法」、「愛情」這些非語言訊息，我們聽了就會覺得感動。

人類的大腦愈受喜怒哀樂刺激、觸發情感，愈能得到記憶增強的效果。聽他人說話後會覺得感動，就代表大腦分泌了會增強記憶的腦內物質，使記憶能夠顯著又輕鬆地保存下來。伴隨著感動的體驗會強烈地提升動機，因此你也容易將其轉變為行動。就結果而言，這會有助於自我成長並得到高度的學習效果。

近來，能透過網路上的影片或ＤＶＤ等來聽研討會或演講的案例也逐漸增加了，雖說影片能傳遞某種程度的「非言語訊息」，不過跟直接面對面見到對方相比，效果還是有限。

盡量實際去聽他人說話，接收非言語訊息是最好的學習，只要實踐「非言語學習法」，你的自我成長速度就會急速加快。

【輸入輸出學習法步驟 3】

輸出才是所謂的學習——「輸出」

學習的本質——輸出的五項精髓

一言以蔽之，本書的學習法可說是「輸出學習法」。

大家幾乎都在輸入，然而，光只有輸入是無法提升學習效果的。輸出，才是記憶、提升成績、自我成長的最重要「關鍵」。輸出是學習的本質，我們就將輸出視為主體來學習吧！這就是我在本書最想傳達的要點。

那麼，輸出究竟是什麼呢？所謂的「進行輸出」具體來說又該怎麼做？我就來詳細說明這點吧。

輸出意指在腦中處理匯入腦中的資訊，並「輸出」至外界，具體而言，即是「說話」、「書寫」和「行動」。讀了書籍（輸入）後將感想跟朋友、同事、家人說，這就是輸出；將書的感想寫在臉書上，這也是輸出。

讀了教科書之後（輸入）去寫題庫，由於寫題庫是將答案寫在紙上，這就是輸出。

此外，考試也是把答案寫在答案紙上，同樣是輸出。讀了教科書後，將所理解到的內容解釋、教導給朋友，這也是用話語在說明，屬於輸出。

舉辦讀書會、互相討論意見、作為講師教導他人、出書，這些行為都是重要的輸出，不過並非如此簡單就能做到。為了突破自我的「高水準輸出」，在本書中會作為「超級輸出」的類別來分開思考，關於「超級輸出」，我會於第六章詳細說明。

本章會闡述應該要每天進行、每天養成習慣去做的「說話」、「書寫」等日常生活即可簡單做到的輸出法，我就來講解其精髓吧。

【輸出精髓1】輸出是一種「運動」

所謂的輸出即是使用運動神經使肌肉動作，譬如使手部肌肉動作的「書寫」、運用嘴巴或喉嚨周遭的肌肉來「說話」。無論何者，都會使用到肌肉。

讓身體動作來記憶又稱為「運動記憶」，而運動記憶的特徵在於一旦記住後，就幾乎不會忘記了。

時隔三年沒有騎腳踏車就忘記腳踏車要怎麼騎，像這種事情是絕對不會發生的。同樣地，像是彈鋼琴、盲打等反射性——也就是用身體記憶的運動技能，都會以「運動記憶」的方式被記憶下來。

在《圖解記憶法　給大人的記憶術》（十力文化）中，就有寫到「當使用肌肉與肌腱時，運動會經由小腦傳遞到記憶中樞的海馬體，儲存於大腦皮層。運動性記憶的機制是這樣使用眾多的神經細胞來將記憶輸入腦海的。」

「死記」運用的是「語意記憶」，而「語意記憶」有不易記憶、容易遺忘的特性。在此，只要「寫下來記憶」、「發出聲音來記憶」，就能夠以「運動記憶」的方式被記憶下來了。我想大家都有過即便沒有一一在腦中思考「漢字」或「英文」，手也會不自覺動起來的經驗。比起「用腦記憶」，「用身體記憶」的感覺才是所謂的「運動記憶」。

此外，在「書寫」與「說話」方面，「書寫」比較容易留下記憶，這是因為腦幹的網狀活化系統會因為「書寫」而受到刺激，而所謂的網狀活化系統，即是控制人類注意與發覺的「注意指揮塔」。網狀活化系統就像是個濾鏡，能夠區別出我們所處理的情報中何者為應該積極注意與不該積極注意的。

透過「書寫」來刺激網狀活化系統，即可讓「這是重要的刺激，必須注意！」的指令傳達至整個大腦。「書寫」鐵定會成為大腦的刺激，促進學習的效果。

想要得出學習成效，只須不斷拼命書寫即可。倘若你能一邊寫、一邊將寫下來的內容大聲朗讀出來，那就更好了。

一個星期用完一隻原子筆！——「盡情寫下學習法」

你用完一隻原子筆要花多久的時間呢？如果你是要花好幾個月的人，那麼非常遺憾地，你應該是嚴重學習不足吧。

就我的情況來說，以前在報考威士忌檢定時，兩週就用掉了四支原子筆。回想起高中時期，在段考前拼命唸書的那段時間，我不到一週就用掉一隻原子筆也是很正常的。

總之就是拼命寫，「書寫」即是學習，這就是「盡情寫下學習法」。

只要拼命寫，學習狀況就會順利！那麼，該寫多少才好呢？其中一個標準，就是想像「一週寫完一隻原子筆」左右的學習量即可。

「打字」不會留下記憶!?——「果然還是要手寫學習法」

「書寫」可以得到很高的學習成效。談到這件事，一定會有人有這個疑問——將學習內容打字輸入到數位機器裡，是否也會有「書寫」的效果？根據普林斯特大學與加州大學洛杉磯分校的共同研究表示，在比較用手寫記筆記的學生與用電腦打字記筆記的學生後，得知前者的成績會比較好。此外，挪威斯塔萬格大學與法國馬賽大學的共同研究也顯示出手寫比打字更容易留下記憶。

實驗中，受驗者被分為「手寫」組與「打字」組，背誦二十個字的字母順序，在三週、六週後分別去測試這些人記住了多少，便發現「手寫」組的成績比較好。再者，在調查手寫組與打字組的大腦後，我們得知只有手寫組的受試者腦中與語言處理有關的「布若卡氏區」活絡了起來。

和電腦「打字」相比，用「手寫」寫在紙上會比較容易留下記憶，學習效果也更好。

讓單字本效果倍增的方法——「影子學習法」

「單字本」可以簡單確認自己有沒有記住，是「輸出學習法」的強力武器，不過一旦使用方式錯誤，效果就會減半。

我們在電車上會看見正在用單字本學習的學生，不過大多數人都是安靜地在背誦吧。看到「蘋果」的單字卡，會在腦中浮現「apple」的單字，或是看著「apple」的卡片，回想「蘋果」的日文。像這樣進行三十分鐘後，你會覺得自己好像已經很用功學習了，然而，這並不是輸出。原因在於你的身體沒有動作，沒有使用運動神經。與「書寫」下來所回想起來的內容相比，光只是在腦中思考的「回想」學習效果非常低，雖說多少有點效果，不過實在談不上是有效率的學習法。

在教科書上用背誦筆標註文字，讓文字消失，像這種一邊回想空白處、一邊複習的學習法也是一樣的。這是學生很常用的學習法，效率卻非常差，想必大家應該都有過「用單字本或遮字板唸書時明明可以想起來，到了正式考試時卻想不起來」的經驗吧。

話雖如此，如果在電車內將答案念出來會造成旁人的困擾，還有可能被當成可疑人物。此時你應該做的學習法是「影子書寫」，看到「蘋果」這個卡片，便用手指在空中寫下「apple」的拼法。由於你是實際動手寫，有沒有正確拼寫出單字就會一清二楚，再加上有使用到運動神經，即可藉由輸出確實得到增強記憶的效果。

縱使耗費相同的時間用單字本確認記憶的狀況，光只有「回想」的學習法與動手指或手來書寫的「影子書寫」相比，還是「影子書寫」才會有顯著的記憶固定與學習效果。

請將學習想成是「活動身體」，只有「回想」的學習不能說是沒有意義的，只是效果非常差，是浪費時間的學習法。

【輸出精髓2】一星期輸出三次

輸出的意義是得到「體悟」後將其轉變為行動，加以習慣並「自我成長」，然而，倘若幾乎忘了輸入的內容，就無法成為行動或習慣。首先要將輸入留在記憶中，「不要忘記」是最重要的。

若不希望忘記輸入的資訊，就必須「一星期輸出三次」。

大腦中有個名為海馬迴的部位，海馬迴是暫時保管資訊的地方，輸入腦中的資訊全都會在海馬迴中暫存一至兩週左右。在這段時間內被使用過兩到三次的資訊就會被判定為「重要資訊」，移動至永久保管記憶的顳葉。

因此，當你在學習某種事物並希望能保留在記憶中時，只要「一星期輸出三次」即可。具體而言，像「說」、「寫」、「轉達」就是很有效的輸出。

關於複習的時間點，訣竅在於第一次在一天後，第二次在三天後，第三次在七天後，一開始要盡早複習，之後慢慢拉長時間。

【輸出精髓3】積極「測試」自己！

我已經說明了「書寫」、「說話」即是輸出，而許多實驗都證實了「接受考試」也有極高的輸出效果。

在真正上場前測試愈多次，就愈能確實固定記憶。愈考試愈能固定記憶的現象，稱為「考試效應」。

講到考試，大家可能會覺得這規模有點大，不過自己寫題庫或是練習也算是在進行考試，這種「自我測試」會發揮同樣的效果，亦或是用單字本檢驗自己是否有記住每個單字，也算是「自我測試」。

光只有讀教科書的輸入型學習在留下記憶的效果上是很弱的。活用考試、題庫、單字本等的輸出型學習，才會顯著且輕鬆記憶。換句話說，只要從「輸入型學習」切換至「輸出型學習」，學習效果就會飛躍性地提升。

終極的自我測試——「完整重現學習法」

我想很多人會從教科書上整理出重要的內容，製作「統整筆記」。而我所珍藏的學習法，名為「完整重現學習法」。換言之，即是完全不看內容，一面回想，一面將「統整筆記」的一整面內容寫在新的紙上。

這個學習法難度很高，不過馬上就能知道自己沒有記住的部分，由於你是在什麼都沒看、沒有線索的情況下重現的，因此能夠寫出來的部分就代表你已經完全記住，寫不出來的內容則是你尚未記住的，就要再次重點式地去記憶。

「完整重現學習法」是相當辛苦的學習法，然而，等到你能夠完美重現「統整筆記」後，鐵定可以在考試中取得高分。

「錯誤」是絕佳好機會！——「歡迎糟糕分數學習法」

或許有很多人會覺得「考試若拿到糟糕的分數會很失望，所以我不想考試」，不過，這在腦科學方面則剛好相反。在考試中拿到糟糕的分數，反而應該要高興才對。原因在於比起「答對的問題」，大腦更會強烈記住「答錯的問題」，縱使是答錯的題目，你也會自己拼命去思考答案或解法。推測正確的答案並轉化為正解的練習又稱為「轉化練習」，而愈是進行「轉化練習」，就愈容易留下記憶。

簡而來說，「惱人的問題」會更容易留下記憶，為此，在考完試之後必須要進行回饋，核對答案。

你要確認自己為什麼會寫錯的原因以及正確答案這兩方，在考試之後馬上確認可說是最為有效的。

如果在考試中寫錯，那可是記住的絕佳好機會！然而，假使沒有回饋、修正錯誤就完全沒有任何意義了，還請各位別忘了要回饋。

愈是學習不足的人，愈要接受模擬測驗！——「模擬測驗學習法」

「你要參加下禮拜的模擬考嗎？」「我還沒有準備好，這次就先不考了吧。」這是在考生之間很容易出現的對話，而以學習法的角度來看，這段對話實在讓人很「遺憾」。正因為沒有準備好，才應該要接受模擬測驗。

「考試」確實有著要「判斷實力」與「試試身手」的一面，不過除此之外，「輸出的效果」——也就是「留下記憶」的效果才是最厲害的。有出現在考試中的題目你會確實記憶，答錯的部分更會強烈記住。

你不須要在意模擬測驗的結果，只要大量接受模擬測驗，即可得到輸出的效果，在正式考試時就能夠確實掌握更好的分數。

「你要參加下禮拜的模擬考嗎？」「我還沒有準備好，就應考吧。」

這才是正確的「輸出學習法」！

各種證照考試、檢定考試等都會舉辦模擬考，你應該要積極去挑戰這個正式考試前的「測試」與「考驗」機會。

【輸出精髓4】「體悟」要當下記錄

在成人的學習方面，我已經說明過得到「體悟」的重要性。

在聽他人說話或是讀書的過程中，你會獲得美好的「體悟」。在那個瞬間，你除了驚訝地想著：「咦！原來還有這種事啊！」也會一同湧現出感動，然而在過了一個小時後，你就完全忘記了，不，應該是不到一小時吧。五分鐘或十分鐘就會遺忘，便是「體悟」的特徵。

如果從腦科學的角度來說，「體悟」只是單純的神經細胞點火，就跟「作夢」類似，「作夢」也是神經細胞的點火。早上作了個很棒的美夢，在幸福的情緒下清醒，「哎呀，真是場美夢呢！」但是過了十分鐘後，你是不是就想不起內容了呢？明明是那麼快樂的夢，卻回想不起來，這樣實在很可惜。

說到神經細胞的點火，就彷彿是腦中在施放煙火一般，不過，這個煙火一瞬間就會消逝。倘若在施放煙火的瞬間按下相機的快門，就可以永遠保存這般美好。

「體悟」也可謂完全相同。

在有所體悟的瞬間，即使你心想著「這還真厲害！」，過數分鐘後記憶也會開始變得模糊，等十分鐘過去，你便忘得一乾二淨，真的很可惜。為了不要遺忘，在感受到「我發現了！」的瞬間，就應該馬上將這份體悟記下來。用跟施放煙火時迅速按下相機快門拍攝煙火照片同樣的要領，記下筆記，這就是「煙火照片筆記術」。

將腦中靈光一閃的點子輸出至外界，以文字的方式保留。

記筆記是動手寫下文字，故也算是輸出的一種。

記錄在什麼東西上最好？——「三十秒記錄術」

講到筆記的話題，就會有人提出：「該記在什麼東西上好呢？」這等疑問。如果可以在得到「體悟」的三十秒之內記下來，那我認為記在什麼東西上都無所謂。我想大多數人都有智慧型手機，那用手機記下來就可以了，而有帶筆記本在身上的人，手寫在筆記本上也無妨。

就我的情況來說，我在工作時經常會打開筆記型電腦，使用一個名叫「便條紙」的免費軟體，我的桌上型電腦上也時常貼有「便條紙」。在工作時如果得到了什麼「體悟」或是「靈光一現」之際，只要一鍵關閉正在作業中的視窗，打開電腦的便條紙軟體，便能記錄下來。花一秒關閉畫面，下一個瞬間就已經記錄下「體悟」，只須十五秒，實在非常方便。

就「留下記憶」這層意義上來說，手寫是比較有利的，不過要從包包中拿出筆記本，一下子三十秒就過了。與其遺忘一切、記憶歸零，不如以記筆記的時間為優先。

在每天記錄下來的「體悟」中，我會將特別重要的內容重新記錄在推特或臉書等社群軟體上並發布。只要發布在社群網站上，就可以實際永久保存。

當一週接觸三次以上相同的資訊，便很容易留下記憶。在「便條紙」上做筆記、發文到社群網站上、回覆社群網站上的留言，這樣就是三次了。藉由簡單的筆記作業，即可在腦中將本來一瞬間就會徹底遺忘的「體悟」轉變為長期記憶模式。

【輸出精髓5】筆記的寫法會決定一切

說到學習法，記「筆記」的方法是很重要的。

在聽演講、講座或研討會時，我想多數人會記筆記，而我已經說明過別將講師所講的內容寫得過於詳細，也不要過於貪圖學習會比較好。那麼，筆記要記到什麼樣的詳細程度才好呢？我想傳授給你我個人的筆記術精髓。

別寫在演講摘要上

有些人在參加研討會時會將筆記記錄在配發的資料或演講摘要上，不過這沒有意義，你應該要停止，原因在於你之後根本不會去看。

倘若在摘要上寫筆記，當你日後要複習時，不將摘要抽出來就無法回顧內容了，等過了幾個月後你突然想要複習當時的研討會內容，除非你有確實整理好，不然要找出那份摘要是極為困難的。

把筆記寫在摘要上，是很難反覆拿出來複習的。

「體悟」要整理成一本筆記

我在參加研討會或是演講時及工作開會的紀錄，甚至是看書或看電影的感想等全部都會寫在一本筆記本上。每當我打開筆記本時，就可以瀏覽上次、上上次的紀錄。換言之，**藉由寫筆記，我可以每週確實複習三次以上。**

也有人會用電腦做筆記，不過和「打字」相比，「手寫」比較容易留下記憶，再加上整理成電腦中的電腦檔就不方便複習了，因此我主要還是會用手寫的方式，記錄在紙本筆記本上。

別記太零碎的筆記

太仔細記筆記的人會集中精神在「記筆記」上，容易疏忽講師所說的內容。在成人的學習法方面，「體悟」是很重要的，你沒有必要去記錄已經知道的資訊。

筆記術的重點，在於靈機應變、簡明扼要地將重要的要點、新學到的事物以及「體悟」給整理、書寫下來，內容愈精簡就愈容易複習，也會更容易留下記憶。

整理成開頁兩頁

我現在會用A4尺寸的筆記本，如此一來，兩到三小時的研討會內容就能夠剛好記錄在開頁兩頁中。這個「開頁兩頁」非常重要，縱使你不翻頁，也可以瞬間掌握（複習）研討會的全貌。倘若你翻到下一頁，就無法在看到的當下掌握整體狀況了。

有不少人會使用手掌大小的筆記本，不過這樣一來，參加一次研討會的內容就會記錄到十頁。這樣的綜觀性並不好，不僅複習效率低，也不容易留下記憶。**「能夠俯瞰研討會全貌」很重要，只要整理為開頁兩頁，即便是二到三小時的研討會內容，也只需花十秒就能複習了。**

各寫三項「體悟」與「To Do list」

研討會的筆記應該寫些什麼呢？請你寫下三項在這個研討會上得到的「體悟」。接著，為了對應這三項「體悟」，要寫下三個「To Do list」（代辦清單）。如果你的體悟是「起床後的兩小時是大腦的黃金時間，也是集中力最高的時間帶」，那麼，該如何將這項體悟納入自己的生活中並付諸行動才好呢？這個重點即是「To Do list」。具體而言，

「早上早起一小時在咖啡廳學習」就會是「To Do list」。該怎麼做才能將「體悟」納入「行動」之中？這也可以說是「執行計畫」或「行動目標」吧。

然而，「體悟」只是腦內的感受與認知改變了，外界不會產生任何變化，換句話說，光只有「體悟」也稱不上是「輸出」。即使得到一百個「體悟」，現實也不會有任何改變，而**「To Do list」是將「體悟」轉化為「行動」，將「思考變化」轉變為「現實變化」的工具。**

使用自己講究的筆記本與筆

在寫筆記時，最重要的是使用對自己而言最好用、最棒的筆記本。為此，你必須先去趟大型的文具店，實際接觸筆記本，確認紙質等要素以找出「中意的筆記本」。接著，要實際購買並使用看看，嘗試多種筆記本，不斷摸索，等發現了最棒的筆記本後，就只須持續使用該筆記本即可。

再者，你要搭配好寫的書寫工具，流暢書寫一事會讓你有「快感」，記筆記自然會快樂得不得了。

【輸入輸出學習法步驟4】

回顧自己的學習——「回饋」

別讓自己苦思不得其解的回饋四精髓

明明有在做輸出與輸入，卻感受不到自己的成長。或許，也是有這種人存在呢！

先輸入後再輸出，之後繼續輸入、輸出，這樣反覆循環能使自己有驚人的成長，這就是「自我成長的螺旋梯法則」，不過其實在輸出後到下次輸入的這段時間內，還必須做一件重要的事——「回饋」。

回饋意指輸出，也就是將得到的結果進行評價、思考，以修正下一次的輸入狀況。倘若沒有回饋，你只會永遠在同一個地方打轉，苦思不得其解。我就來傳授你回饋的精髓吧。

【回饋精髓1】學習會有「發展長處」與「克服短處」階段

舉例來說，讀了教科書後（輸入）去寫題庫（輸出），寫了題庫後發現有寫錯的題目，那你就會知道你對該部分的理解並不充分。於是，你會再看一次教科書，重新去讀你寫錯的地方，這就是「克服短處」型回饋。只要確實回饋，你的短處與弱點便會逐漸減少。

如果跳過這個作業去寫題庫的下一頁，對「理解不充分」的部分置之不理，那即便正式考試時出現了一樣的題目，你也會寫錯。換言之，倘若不進行回饋並補強弱點，寫題庫就沒有意義了。

亦或者是讀了一本「正向心理學」的書之後，心想：「正向心理學還真是有趣！也來讀讀其他人寫的正向心理學書籍吧」，這也是回饋。回饋有克服短處與發展長處這兩個主軸，拓展自己的興趣與關注領域，「多讀相同系列的書籍」、「多讀相同作者的書籍」，這種又稱之為「發展長處型」回饋。

如果沒有回饋，無論再怎麼輸入、輸出也只是徒勞，你不會以螺旋向上的方式自我成長，而是像圓形一般永遠在相同的地方循環，完全無法期待自己會有所提升，最終也不過是白費工夫。

【回饋精髓2】「拓展」和「加深」

有個人終於去了一直以來很想去的主題樂園。「總算是來了！」他心想著，通過大門，拍了張紀念照，接著，那個人就這樣回家了。

如果有這樣的人，你會怎麼想呢？你應該會覺得對方竟然連遊樂設施都沒有坐就回家了，這不是一點也不有趣嗎？然而，大部分的人都在用像這種只是「入場」就回家了的學習法。

有人讀過熱賣百萬本的暢銷書《被討厭的勇氣》（究竟出版）嗎？如果你有讀過，請回答我以下的問題。

「阿德勒心理學是何種心理學？請用三十秒說明。」

如何呢？你能回答出來嗎？至今為止我已經問了數十人這個問題，能夠出色回答我的人只有一位。

「無法向他人說明」就是「不理解」的證據，你只是自認為已經了解，其實完全不懂。正因為無法說明，內容也不會保留在記憶當中，換句話說，你讀了也沒有意義。你無法自我成長，像這樣的閱讀，也只是無謂的自我滿足罷了。

我再問你一件事情，除了《被討厭的勇氣》以外，你後來還有閱讀其他阿德勒心理學的書嗎？有閱讀過數本阿德勒心理學書籍的人，應該也能夠回答我剛才的疑問──「阿德勒心理學是何種心理學？」才對。

《被討厭的勇氣》是阿德勒心理學的入門書，而我認為「入門」是個很棒的詞彙，這意味著「進門」。準確來說，應該是「只不過是進了門」。光只是讀過一本《被討厭的勇氣》，那也不過是剛進入名為阿德勒心理學的大門而已。之後，你要更加深入去讀阿德勒心理學的其他相關書籍、參加阿德勒心理學的演講或研討會、拓展有關阿德勒心理學的知識，這才是在享受其他遊樂設施。

只看完《被討厭的勇氣》就結束的人，換句話說，就是沒有回饋。那麼，回饋究竟是什麼呢？即是「雖然對阿德勒的想法很有興趣，不過我還沒有理解到能夠加以實踐的境界，再看一本別的入門書吧」，像這樣以「輸入」和從中得到的「輸出」（感想、體悟）為基礎去執行某種行動。

倘若你有留意到要將資訊或知識「擴展」與「加深」的這項重點，要回饋就很簡單了。我就來說明幾個具體的「拓展回饋」案例吧。

將焦點放在「疑問」上就能看見下一步——「下一步學習法」

只要讀書，你就會產生「疑問」。就來試著解開這個疑問吧！這會促使你踏出「下一步」。

「我不想要用讚美或責罵的方式，只是想建立勇氣。要怎麼做才能將這一點實際活用在教育小孩上呢？」如果你這麼想，就去看看《靠阿德勒心理學「激發出孩子的幹勁」「真正有影響力」的讚美法、斥責法、鼓勵法》（三笠書房，暫譯）。「我不想要用讚美或責罵的方式，只是想建立勇氣。我希望能實際運用在公司中教育下屬與對應部下的方式上」倘若你想這麼做，就去看《向阿德勒學習：部屬育成心理學》（天下雜誌）。

讀書會讓你湧現出「想了解地更深入」、「想了解地更具體」、「想知道實踐方法」、「想知道自己能夠做到的方法」等**疑問、好奇心與求知欲，你只要將此做為能量往「解決」問題的方向邁出下一步，你的輸入就會更深更廣。**

自己解決自己疑問的「下一步學習法」可以滿足我們的好奇心與求知欲，是非常愉快的，我希望你務必要實踐看看。

「直接」對大腦而言最愉悅——「總之直接學習法」

我在讀了《被討厭的勇氣》之後，心想：「不過問過去的心理學還真是優秀」而另一方面，我也想著：「說實話，阿德勒心理學還真困難耶，真不知道具體而言該如何實踐才好」我雖然看了好幾本阿德勒心理學的書，卻依然停留在很表面的理解，「想要再更深入了解阿德勒心理學」的我，究竟做了些什麼呢？

那就是「總之直接學習法」，並不是「總之先來杯生啤酒」喔，我說的是「總之就直接去聽對方闡述吧」。

當然自己去參加有關阿德勒心理學的演講或研討會是很好，不過我身邊本來就有許多對阿德勒心理學有興趣的夥伴，既然如此，我就去招聘阿德勒心理學的講師，來專門為我們演講吧。

在我所讀的阿德勒心理學書籍中，我認為封面為讓人印象深刻的鮮紅色、由小倉廣先生所寫的《接受不完美的勇氣》（遠流出版）是最淺顯易懂說明阿德勒心理學的書籍了。

我回想起我與小倉先生在數年前曾於交流會上有一面之緣，便下定決心請小倉先生來演講，對方也爽快地接受了。小倉先生在我所負責的「Web心理塾」以客座講師的身分授課，包含回答問題的時間，總共與我們談論了兩個半小時，聊到許多與阿德勒心理學有關的話題。果然，直接聽他人闡述是最好的，得以更深入了解「阿德勒心理學究竟為何」。

直接聽作者說並直接詢問作者，作為「深度輸入」，我想沒有比這更好的學習法了吧。如果你想要「深度輸入」，就採用「總之直接學習法」。

關於你有興趣的作者或知識分子的演講資訊，去看對方的部落格或是網頁就會一目了然。倘若為公司或是團體，也可以招聘對方擔任讀書會或研修會等等的講師。只要對方不是藝人，大多數的演講費用應該都不會太高才對。

完整追蹤作者的書、演講與研討會等等——「全追蹤學習法」

在讀了《被討厭的勇氣》之後，如果你對此書的作者兼哲學家岸見一郎先生有興趣，想要看這個作者寫的其他書籍的話，便嘗試去閱讀岸見先生的其他著作如《拋開過去，做你喜歡的自己》（方舟文化）吧。假使想要將阿德勒心理學活用並實踐在更日常的生活中，就去看《其實你不必為了別人改變自己：一定可以實現的阿德勒勇氣心理學》（木馬文化）。再者，一旦發現了由岸見先生擔任講師的演講活動公告，積極去參加也是個不錯的方法。

倘若你覺得「這個人好厲害！」，就完整去追蹤該作者或講師的著作、演講，這會是個能夠顯著加強深度的輸入法。

參考被當成參考的書——「串聯學習法」

讀完書之後，我們會想要再去看一本內容比較深的書，可是有時候，我們並不知道下一本該選擇什麼書才好。此時，書末所記載的「參考圖書」就會派上用場了。

由於是用較小的文字書寫，或許也有人完全不會看這些內容，不過這個「參考圖書」正是會讓你打出全壘打的書籍寶庫，畢竟作者都宣稱自己「參考了這本書」，如果該書本身「讓你有所學習」，那「參考圖書」應該也能給予你新知才對。

不只是書，研討會或演講也一樣，有時候在研討會或演講結束時講師會介紹「參考圖書」，而在演講最後作為「引用來源」被提起的書更是一定要確認。

「參考圖書」就是該作者或講師「做為參考的書」，對於想要「深度輸入」的人而言，這可說是絕佳的「推薦書籍」清單。

用多方視角學習──「分享學習法」

若與朋友、熟人一同參加完演講或研討會，結束後大家一邊喝酒、一邊分享感想或體悟也很不錯。縱使聽的是相同內容，友人也會闡述與自己完全不同的感想，有興趣的部分也全然不同，很多時候，你能夠得到自己從來沒有想過的意外「體悟」，心想著：「原來別人和自己的想法竟然有如此大的不同」而受益良多。

藉由分享感想與體悟，就能夠用多方視角來學習，甚至，這還能讓你更加擴展、加深體悟。

與聆聽同樣內容的人、讀同一本書的人交換意見，分享感想或體悟，是最簡單就能做到的回饋之一。

【回饋精髓3】自己思考「為什麼」

當你學習某件事情或看一本書時，一定會出現「為何」、「為什麼」、「真是如此嗎」等疑問，此時一定要自己查詢，去解決這些疑問，因為解決「為什麼」也是一種重要的回饋方式。

在透過網路或書本查詢「為什麼」，或是在詢問上司、前輩、專家、精神導師之前，有件事情絕對要做，就是自己拼命地去思考「為什麼」的理由，找出符合自己的「答案」。**煩惱、深思、反覆嘗試，會是自我成長的原動力。**

正如同我先前所述，在他人告訴自己答案或是解法之前嘗試靠自己的力量去思考，這種學習法又稱為「轉化練習」。建立符合自己的「答案」或「假說」，確實努力後，再去確認解答。如此一來，縱使「自己的答案」、「自己的假說」是錯的，也會因為你準確地掌握了其要點與關聯性，便容易留下記憶。

在學習心理學的領域中，「轉化練習」被推崇為高效的學習法。

即便搞錯也能留下記憶的絕佳辦法——「別馬上看答案學習法」

在寫題庫時，先徹底煩惱過後再核對答案，你就會心想：「喔，原來是這樣啊」而使答案迅速進入腦中，在記憶中留下強烈的印象。不過，倘若遇到不會的問題馬上看解答，就幾乎不會留下印象了。我想，你也有過這種經驗吧。

在他人告訴自己解答或是解法之前，愈靠自己的力量去做「轉化練習」，就愈容易留下印象。引導出正確解答的努力會為你打造「微困難」的環境，加深理解與學習，強化記憶。因此，在面對不會的問題時不要馬上看解答，而是試著自己徹底思考看看，在這之後才應該是去確認答案的時機。

在輸入的過程中如果出現了「為什麼？」的疑問，就先試著自己徹頭徹尾思考一番吧！接著，再去調查答案、詢問他人並解決問題。這才是最好的回饋，能使自己大幅度成長。

【回饋精髓 4】接受老師的回饋

我先前有說過你會不會成功，有九成取決於老師（教練）。那麼，優秀的老師跟普通的老師哪裡不同呢？優秀老師之所以優秀，是因為「能提供精準度高的正確回饋」。

優秀的花式溜冰教練能夠在選手跳躍失敗時瞬間指出為什麼會失敗，是跳的時機太早，還是重心過度放在左腳上呢？他們得以用攝影機那般地精準度記住選手瞬間的動作，指出不好的部分，並用適當的言詞來表達。選手馬上就會理解失敗的原因，立刻進行修正。只要能確實修正，下一次的跳躍就會成功吧。

這即是回饋的力量，透過老師的回饋，我們才會明確了解自己的弱點以及不順利的理由。如果能靠自己掌握自己做不到的部分，之後就只需練習那部分就好，問題在於你要不要做而已。

假使教練沒什麼本事，或是你是靠自己學習的，就無法正確掌握「為何會失敗」、「為何不順利」，也就是說，你得花時間去探究「為何會失敗」。跟著優秀教練的其他選手馬上就能開始進行修正過的練習，你自己卻連失敗的原因都找不出來，漸漸拉開差距。**你會不會成功，取決於你有沒有辦法得到正確的回饋。**

用第三者的角度來看，提升整體進展速度

即使是在商業上，這個道理也可以直接套用。你在工作時一定會有不順利的情形，你卻不知道這個「不順利的原因」為何，你為了探究原因而被占用大量時間，在這段時間內，你無法向前邁進。就好比公司經營不善，經營者想破頭也完全不知道原因，不過在與經營顧問討論後，對方馬上就能指出問題點。當事者是很難客觀掌握全體狀況並分析的，而第三者可以客觀掌握這間公司的經營全貌，明確指出經營不善的原因。

在狀況發展不順利時，一定要接受老師、顧問、上司、前輩等比自己知識、經驗更豐富者的反饋。縱使對自己而言這是「第一次面對的問題」，在專家眼裡看來，大多情況都是「經常出現的模式」。

倘若在沒有第三者回饋的情況下完全自學，在學習方法上就會變成一丁點兒也沒有掌握住要點。你連自己正在進行錯誤的學習都不知道，只是白費大量的時間與勞力。

反覆進行輸入與輸出，即可爬上成長的螺旋梯，不過，前提在於你要有適當的回饋。即便和以前一樣反覆針對「不順利的輸出」進行「輸入」，也只會出現「不順利的結果」。沒有適當的回饋，就只能在同一個地方不斷打轉。

第6章

進一步加快自己的成長

——精神科醫師的「超級輸出學習法」

來挑戰超高級篇的訣竅吧——「超級輸出學習法」

樺澤流學習法的真面目

反覆輸入、輸出，就會自我成長。只要不斷這麼做，你便能自我成長至相當高的水準，而在這之後，你應該做什麼好呢？那就是本章要告訴你的「超級輸出學習法」。

直至前一章為止，我已經向所有「希望藉由學習來自我成長」的人說明我期望他們每天執行的必要學習法，而本章的「超級輸出學習法」是針對以更上一層樓為目標的人，換句話說，即是超進階篇的訣竅。

接下來的內容會來到「離」的階段，以已經學習到某種程度的人為取向。不過，如果你有「想比現在更加成長」、「想要突破自己目前的障壁」這些想法，我也希望你能挑戰「超級輸出」。

教導他人、**發布資訊**、**當講師**、**將概念轉換成體系**、**寫書**。我每天在日常生活中實踐的「輸出最終極型態」就彙整在第六章當中。到第五章為止的內容對我來說是常識，就某種意義上而言，就好似「準備運動」一般，「第六章」才是徹底實踐「輸出學習法」

的樺澤流學習法真面目。

輸出正是我的人生

一言以蔽之，我的人生就是「輸出的人生」。

我第一次製作網站是在一九九八年，製作了一個研究電影《星際大戰》的網站。隔年我創立邊走邊吃的網站「湯咖哩」，並以該網站為契機在札幌爆發了湯咖哩風潮。二〇〇四年我開始發行網路雜誌，自二〇〇六年起幾乎每天都會發布，累積讀者人數十五萬人。於二〇一一年著手使用的臉書幾乎每天更新，追蹤人數現在為十四萬人。Youtube 也基本上會每天更新，至今已經上傳了超過一千支以上的影片。

從二〇〇九年以來的八年，以成為講師、作家為目標的學習社群「Web心理塾」每個月都會舉辦研討會，此外，每個月我自己的公司也會舉辦數次研討會。二〇一六年創立的「樺澤塾」是讓商業人士學習商業技巧的社群，每個月會發布三十分鐘的影片至社群，總共三次。關於寫作，自從我以作家身分獨立工作的二〇〇七年開始，我每年一定會出版二至三本書。

有很多人只會大規模且長時間經營一個媒體平台，不過像這樣發展多方媒體，擁有如此規模的讀者數量並持續超過十年以上的日本人，據我所知是沒有的。無論是網路上的資訊發布量，還是研討會等現實的輸出活動，我鐵定是日本頂尖水準，而我也這麼自負著。

「那你晚上睡得好嗎？」只要聊到這件事，就會有人這麼問我，我可是每天都有確實睡滿七小時的喔。事實上我每天要更新網路雜誌、臉書、Youtube 這三個媒體所需要的時間也只要一小時，**藉由大量輸入、大量輸出，我的腦袋運轉與作業速度便會猛烈加快。**

這並非單純的輸出，而是會讓人想毫不猶豫加上「超級」一詞的「超級輸出學習法」，就讓我來告訴你，你在其他地方絕對讀不到的特別內容吧。

以「個人風格」為目標突破

原創的學習法才是最強的學習法

只要去書店，便會看見架上陳列著許多減肥書，一整個區域全都被減肥書給占據，若前往熱銷書的書架，也必定會有一、兩本減肥書。儘管如此，出版社還是想盡辦法相繼出版新的減肥書，我想至今為止已經出版了數百，不，是遠遠超過一千本的減肥書吧，難道「減肥法」是無限存在的嗎？答案是肯定的，有減肥過的人就知道。你打算要採取某種減肥法，然而，光靠一種減肥法很難得到顯著的效果，因此許多人會看好幾本減肥書，配合飲食、運動或生活習慣等，反覆嘗試。

就結果而言，當你找到符合自己生活模式的個人風格減肥法時，就會發揮驚人的減肥效果。經常外食的人、無論如何都無法擠出運動時間的人、已經數度減肥失敗變成反彈體質的人等等，條件會根據每個人的狀況、背景、體質等而定。只靠一種方法就要完全套用在各式百態的人們身上是很困難的。

將數種方法改良為個人風格，才是最適合自己、對自己而言最有效的減肥法。發現這種「個人風格」的方法，便是「離」的階段。

到達「離」階段的人，會被想要將其轉換成體系、想要傳達給他人的衝動給驅使，最終以「書籍」的形式出版。達到減肥的「離」階段後發現「個人風格」者會將這些方法出版為書籍，而這就是為什麼會有數百本減肥書存在的原因。減肥的案例與「學習法」

息息相關。

這世界上存在著許多學習法，有適合自己的、也有不適合自己的。在嘗試了各種學習法、進行各種搭配後，最終最適合自己的「個人原創學習法」，對你而言才會是「最好的終極學習法」。換言之，無論是減肥還是學習法，若沒有採用「個人風格」，就不會產生最佳的成效。

說到守破離的「離」，大家可能會想像成是茶道或是空手道大師的形象，不過即便沒有到那般境界也無妨，在摸索「個人風格」的過程其實就是「離」的精神。就這層意義上來說，你有潛力在各種領域達到「離」的階段。

換言之，這概念就近似於「狂熱者」或「宅」的表現。要成為「Excel專家」很困難，不過「Excel宅」似乎就能做得到；或許你難以成為「檢定專家」，但「檢定狂熱者」就並非如此了。

「探索個人風格」正是學習的有趣之趣，必須學習到近乎徹底厭煩基礎的「守」，以及必須每天徹底輸入與輸出的「破」之階段——雖然有著相應的「成長」樂趣，然而，脫離「學習的常識」後去發現、構築「只屬於自己的世界」——終極的學習樂趣可說是存在於這般「離」的階段吧。

本章講述的輸出內容每項都是很高難度的，不過實際做了之後你就會發現每個方法都相當有趣。這些方法能夠滿足人類根本的、高水準的欲求——「尊重需求」與「自我實現需求」，與其說是「學習」，不如說是「人生的樂趣」，不，說是「人生的目的」也行。

我希望你也能實踐「超級輸出學習法」，發現學習「真正的樂趣」，體驗如同坐火箭突破大氣層到宇宙旅行般的自我成長。

傳達給他人是最強的輸出——「超級輸出學習法四步驟」

靠「教導」、「發布資訊」、「成為講師」、「出版」提升一個層級

請反覆進行輸入、輸出、回饋。這不是跟「破」的階段一樣嗎？這麼想的人可說是

相當了解至今為止的內容，做到了「深讀」境界。沒錯，正如你所說，不過要進入「離」的階段，你必須再提升「輸出」的一個等級。

「破」的輸出在於「闡述」或「書寫」，換句話說，你可以靠「自己」了結。不過，「離」的輸出意指「教學」、「發布資訊」、「成為講師」、「出版」，每個都是要「傳達給他人」。

你要一邊反覆輸入、輸出、回饋，一邊歸納出「個人風格」，首先，我就以「教學」作為關鍵字來說明具體的方法吧。

【超級輸出學習法步驟1】

教導他人的成效最好──「教導」

來確認「教導」的四階段吧

用什麼樣的學習法才會有高度的學習保留率（Learning Retention Rates）呢？

根據美國國家培訓實驗室的數據顯示，「聽課」為百分之五，「閱讀」為百分之十，「視覺與聽覺學習」為百分之二十，「實際演練的示範」為百分之三十，「討論」為百分之五十，「實際執行」為百分之七十五，而「教導」為百分之九十，被介紹為學習保留率最高的學習法。這又稱為「學習金字塔」，而最有效果的學習法——也就是位於頂點的即是「教導」。

在我的拙作《不用記憶的記憶術》（平安文化）中，就曾極力闡述最有效果的終極記憶技巧為「教導」。**教導他人會成為最棒的自我學習。**

不過，如果我說了：「請你去教導他人」幾乎都會得到同樣的回應：「我做不到啦，我想要更加學習之後再這麼做」然而，所謂的「教導」其實並非如此困難的事情。

就好比高中的籃球社，在教練不在的日子，三年級生會負責指導一年級生，這就是「教導」。並非只有擁有龐大經驗與受過特別訓練的教練才能教學，只要累積了某種程度的經驗，任誰都能夠教導初心者、初學者。就連高中三年級的學生也做得到，按部就班來，你鐵定也能做到的。

【「教導」第一階段】一對一教學

講到「教學」，大家可能會覺得難度很高，不過將昨天閱讀的書籍內容與感想闡述給朋友聽，也是很有價值的「教學」，輕鬆「教學」朋友、同事或家人等，

即便是從現在開始著手，每個人也都做得到。亦或是在職場上向後輩說明工作的方法，這也是很優秀的「教學」。**「一對一教學」不僅能夠很簡單地執行，也是很有效的輸出法，你可以從今天起開始付諸行動。**

你只要在看完這本書以後，向第一個見到的人說：「我看了《精神科醫師的輸入與輸出學習法》，內容是這樣的……」闡述內容給對方聽即可，如此一來，你便突破了「教學」的第一階段。

【「教導」第二階段】互相教學

有時候我們去咖啡廳會看見學生兩人組在互相教學的情景，這種「互相教學」是很有效的輸出，比起一個人躲在房間裡學習，此學習方法的效果可說是明顯來得更好。此

外，參加像學習會、讀書會這種相互交流學習的團體，也是一種「互相教學」。

當公司導入了新的法律、制度、系統時，是否會舉辦「學習會」呢？我想每間公司或組織內部都會有的，少則幾人，多則十人左右，這種人數不多的小型團體，即是「一起學習」的概念。或許屆時會有誰來擔任講師或是主講者，不過參加這種會議相互交換意見，就跟互相教學是一樣的。

此外，現在「Active learning」（主動學習）的概念在國、高中和小學內正極速拓展，並不是由老師教導、孩子們學習，而是孩子們相互教學，這種孩子們實際運用「已知的、會做的知識」的實踐型授課，便是「主動學習」。聽講、上課只是單純坐在那裡的「被動學習」，相對於此，自己站在「教導方」，相互教導則是「主動學習」。

我曾實際去詢問過會採用「主動學習」的老師，對方表示那些相互教學的孩子們眼光閃爍的程度是非比一般的，孩子們變得很積極，氣氛也相當愉悅。藉由「互相教學」，大家快樂學習，愈開心學習效果就愈高，這麼一想，「主動學習」似乎可以說是個非常優秀的學習法。

大人也一樣，在參加國家考試、證照考試亦或是檢定等各種考試時，只要幾個人組

成團隊舉辦「學習會」，在互相教學的情況下一同學習，就能夠得出顯著的成果。

【「教導」第三階段】一對多教學

第三階段為「一對多教學」，就像演講或研討會的講師。說到講師，大家可能會有要在五十名、一百名參加者面前說話的刻板印象，不過一開始只要從在五位、十位這些少數人面前談話著手就可以了。即便參加者不多，藉由「教學」也能得到非常充分的學習效果。

或許大家會覺得「一對多教學」的難度很高，不過無論是誰，都曾在職場上或被朋友委託過「能不能稍微闡述一下關於○○的內容」，請你在小團體中進行小型演講吧？只要你不拒絕而是接受這種機會，你就能夠突破「教學」的第三階段了。

我偶爾會舉辦「威士忌研討會」，一邊喝著十種左右的威士忌，享用著適合該威士忌的美食，暢聊與威士忌有關的話題。最初我說要「舉辦威士忌研討會」時，內人這麼說了：「你對威士忌並沒有這麼了解吧！要用那麼貧乏的知識舉辦研討會實在太丟臉了，還是不要辦吧」就是這種想法才無法成長，我並不是因為「自己有很豐富的威士忌相關知識才要教別人」，而是覺得「我對威士忌的知識還不夠成熟，才特意要去教別人」。

想要「教導他人」就必須徹底學習，也須要非常多的準備時間，在準備的階段，你就會找出自己知識含糊的部分。為了「向他人說明」，你可不能仰賴不上不下的理解，倘若無法確實理解，你就無法向他人說明了。就結果而言，你會去積極加深自己所學。

而教過他人的事情你就不會忘記了。人類會因「教導他人」而確實成長，要說到最有效的學習法是什麼？很簡單，即是「教導他人」。

不是因為「知識不成熟」就「不教人」，而是正因為「知識不成熟」，你才應該敢於加快自己成長的速度，立即成為講師，積極「教導他人」。

【「教導」第四階段】透過媒體教學

第四階段是「透過媒體教學」，像部落格、網路雜誌、Youtube 這種網路媒體或是刊登文章在報紙、雜誌、週刊上，出版書籍、上廣播或上電視等都屬於這一類。

如果沒有人來委託你在媒體上刊登文章或上電視等，那也無可奈何，不過**在網路媒體上發布資訊是任誰都可以從今天開始做起的，畢竟在部落格上寫文章或是上傳影片到**

Youtube 上都是免費的。

我的 Youtube 頻道「精神科醫師．樺澤紫苑的樺頻道」每天都會更新三分鐘的影片，目前已經上傳了超過一千支影片，觀看次數多的影片還有播放一萬次的紀錄。這是因為我透過影片來教授精神醫學與心理學。

只要有「教學」的機會就別猶豫去嘗試——「鴕鳥俱樂部學習法」

「教學」的第三、第四階段難度雖然高了點，不過只要靠自己的意志去一項、一項進行從今天開始就能做起的「教學」——像是教導朋友、參加讀書會等，講師邀約或寫稿委託等第三、第四階段的高等級「教學」機會必定會造訪。倘若你有某種領域的專業並從事該工作的話，一定會有人說：「關於這個話題，你能否在○○的場合上闡述給大家聽呢？」來委託你擔任講師。

然而，大多數的人都會想著：「我沒有詳細到能夠擔任講師的程度」、「我不擅言詞，就饒了我吧」去拒絕好不容易得來的講師委託，這樣實在很可惜。**「當講師」是學習與自我成長的大好機會。**

收到十次講師委託卻全都拒絕的人與十次全都登台的人，成長的程度究竟會差多少呢？如果順利擔任講師十次，那也可說是相當多的次數了，你不僅能夠整理有關該領域的資訊和知識，也會變得相當能言善道。

如果有接到講師的委託，可不能像「鴕鳥俱樂部」* 的經典橋段那般說出：「有請有請有請！」把機會讓給他人喔。

【超級輸出學習法步驟2】
用社群網路傳遞意見——「發布資訊」

用網路發布資訊的七項優點與六項精髓

在現實中，「教學」的下一個階段就是自己「發布資訊」。

＊譯註：日本的搞笑藝人三人組。

雖然我說要用社群網站發布訊息，不過對於只將社群網站用於私人用途的人來說，這麼做似乎會有相當大的「心理障壁」。

在此，我統整了使用社群網路發布資訊究竟會有多少好處，以及發布資訊的七項優點。再者，我會以發布資訊的新手為主，說明發布資訊時要有的心理準備。

【發布資訊的優點1】強烈留下記憶

為了在部落格或是網路雜誌上撰寫文章，你必須整理自己的體驗、經驗、資訊、知識後重建。我們已經得知，這個「整理」與「統整」的過程會強化記憶。

再者，由於你是以「要讓他人閱讀」為前提，便會產生適度的緊張感。以腦科學來說，適度的緊張會強化記憶力，縱使是像臉書或推特這種輕易就能使用的社群網站，也會因為意識到「會被他人看見」的緊張感而強化記憶。

此外，你會在更新下一篇時不斷去回顧已經上傳到網路上的文章，因此也能得到「複習效果」，更容易留下記憶。

就我的情況而言，即便那些寫在網路雜誌上的文章是十年前所寫的內容，我也已經強烈留下了記憶，就算不小心忘了，在回顧的瞬間，我也會清楚回想起來。

【發布資訊的優點 2】有回饋效果

一旦發布資訊之後就一定會有反響，有人會留下「值得參考」、「非常感謝」等留言，也有人會用電子郵件或訊息來表達感想。有反響會使你感到快樂，你也會逐漸知道那一類的文章會受人歡迎。換言之，讀者的反應、感想等會成為自己文章的反饋。就結果來說，你愈寫文章，內容就會愈發精進，寫文章的能力與組織能力也會明顯進步。

讀者會成為你「最好的老師」，給予你回饋，使你成長。

【發布資訊的優點 3】有提升動力的效果

只要在網路上發布對他人有用的資訊，就一定會受到他人感謝。

當收到感謝的電子郵件或訊息時實在令人非常高興。我也會從直接見到面的人口中聽見「我經常看你的網路雜誌，真的受益良多」、「我每天都期待著你的影片」，接收到喜悅與感謝的話語。

這些感謝的話語會成為偌大的動機，也是讓自己持續下去的原動力。

【發布資訊的優點4】會集結對自己而言必要的資訊

曾有人問過我：「每天都要發布訊息會不會沒有題材？」絕不會有這種事的，因為，資訊會不斷向有在發布的人集結而來。

我在經營湯咖哩網站時明明也沒有特別網羅，卻每天都會收到「○○地方開了一間新的湯咖哩店，請務必去品嘗看看」這等新店資訊，讓人相當驚訝。

愈是發布資訊，新的資訊就愈會自動匯集過來。只要在網路上發布資訊，縱使你什麼都不做，輸入的量也會猛烈增加，更會提升與高品質資訊接觸的頻率，使你輸出的量和品質跟著上升，積極自我成長。

此外，發布資訊會讓你經常敏銳地意識到「必須要尋找發文的題材」，而不可思議且有趣的是你會因此明確找到對自己而言必要的資訊。

【發布資訊的優點 5】猛烈自我成長

只要每天撰寫文章，你的「書寫能力」就會上升，「書寫能力」等於「思考能力」，故你的思考能力與洞察力也會跟著提升。

再者，你每天都會撰寫內容充實的文章，整理、統整的能力自然會顯著進步，變得能夠簡單明瞭地向他人傳達事物，等持續了一年後，你就會實際感受到自己已經進化成其他次元的人了。

發布資訊會使你一步步踏上輸入輸出的螺旋梯，急遽自我成長。

不發布資訊的人，就彷彿搭乘了從東京到大阪每站都會停的電車一樣，會發布資訊的人則如同搭乘新幹線，而搭乘每站都停的電車移動，是絕對追不上新幹線的。

【發布資訊的優點 6】現實世界的朋友、同事們對自己的評價提升

一旦發布資訊後，他人也會對你另眼相看，心想：「這個人有在發布資訊，好厲害」。

「樺澤塾」的學員愛甲昌信先生是在ＩＴ公司工作的上班族，他受到我所寫的書籍

《高材生的讀書術》啟發並直率地實行「輸出」技巧，成立了書評部落格「年輕世代的讀書術」。

在那之後僅僅兩、三個月，職場上的人對他的態度似乎就改變了，上司、同事、部下都說「他的說明變得很容易理解」、「教法變得很順暢」，多虧了他有在經營部落格才變得擅於統整自己的想法並傳達給他人，結果，職場上的人們都開始對他投以尊敬的目光。此外，據說過去的同學也佩服地表示原來他這麼喜歡閱讀。只是發布訊息兩、三個月，就能得到如此明顯的變化。

發布資訊，讓自己在職場上的評價提升，你的特長、優點也會開始被他人所理解，從「沒有魅力的人」轉變為「其實是很厲害的人」。有趣的是，職場上的同事或上司會裝作沒看到你的發文，其實都在背後偷偷地、認真地欣賞你的文章呢！

【發布資訊的優點7】開心！

整理、彙整自己的想法能夠留下強烈的記憶，掌握有目共睹的學習效果與自我成長，更會受到讀者感謝，被現實世界的朋友尊敬。

被人感謝、承認會滿足你的「尊重需求」。透過發布資訊，你會一一實現你想做的事，使「自我實現需求」也一併被滿足，如此一來，你每天都會過得很快樂。

心理學家馬斯洛將「尊重需求」與「自我實現需求」定義為人類高次元的欲求，只要滿足這些，人們就會感到幸福。換言之，**發布資訊後可以滿足「尊重需求」與「自我實現需求」，每天都過得很幸福。**

【發布資訊的精髓 1】輕鬆發文

當你想要發布資訊時，一開始先在社群網站上寫下書本或電影的感想等，將社群網站作為記錄「體悟」的筆記本是個好方法，具體而言，就是像臉書、推特、Google+等此類型平台。想要被更多人閱讀文章、發布更正式資訊的人，之後再提升層級發布在部落格或網路雜誌等平台上即可。

投稿在社群網站上的文章基本上會被永久保存，日後要回顧也很簡單，也就是說，這就是個人體悟與想法的保管庫、備忘錄。

此時，最重要的是要輕鬆發文，如果心想著：「可能會有很多人看，我一定要認真寫才行」而過於提高難度，便無法長久持續下去。

我以前曾經營過名為「札幌超辣咖哩批論」的網站，起初我完全沒想過有人會看。我抱持著「私人日記、相簿」的態度在經營，只是想上傳自己邊走邊吃的紀錄與照片，一天大約只有十個人看。「反正也沒有人在看，就用毫不修飾的文章直接將我坦率的感受寫出來吧！」我如是想著，想寫什麼就寫什麼，結果有趣的是來訪數一下子暴增，等回過神來已經變成超人氣網站了。

在網路上發布資訊時不必太裝模作樣，只要自由去撰寫即可。當然，遵守「不可以有違法行為」、「不可以侵害他人隱私」、「遵守社會常規」、「不惡意中傷毀謗他人」等網路與社群媒體上最基本的禮儀是再自然不過的了。

【發布資訊的精髓2】寫自己的意見

由於我的臉書有不少朋友，我每天都會看許多人的發文，卻發現很多人都不寫「自己的意見」，就算發文說：「我讀完了一本書！」也只是介紹書籍大綱，完全不寫自己的感想或意見。即使發了有拉麵照片的文，也只打下「我去吃了熱門的〇〇拉麵！」等字，沒有寫實際上是什麼味道、自己對這個味道是喜歡還是討厭這些「個人意見」。

書的「大綱」與拉麵的店鋪資訊在官網上就能看到了。在社群網站上發文最重要的是「自己的意見」，沒有寫自己意見的貼文讀了也只是無趣而已。這聽起來很嚴厲，不過，還真的是沒有閱讀價值。

「自己的意見」才是原創的，是在其他網站上絕對看不見的「獨創產物」，你沒寫這些，用社群網站就沒有意義了。當你要發文到社群網站時，務必要加入自己的意見。

【發布資訊的精髓3】添加專業性

能發布與自己「專業」相關的文章是最好的，即是用你自己所擁有的「專業」與擅長領域的觀點來思考、解說事物。就我的情況來說，我會用「精神科醫師讀書的書評」、「精神科醫師所看的電影解說」等觀點發文，**光是添加專業性，即可瞬間吸引眾多人的關注與興趣。**

「系統工程師所看的○○」、「精英銷售員所看的○○」、「門市店員所看的○○」等，什麼都行，其他像是「專為主婦的○○」當然也很夠格成立，「專為主婦的簡單食譜」、「專為主婦的收納法」，像這類部落格都是很受歡迎的對吧。

【發布資訊的精髓4】注意正面的留言

我想許多人都會心想：「在社群網站上寫文章，難道不會有惡意中傷的回覆嗎」、「我害怕負面的回覆」。確實，偶爾我也會有「負面回文」，不過聲援或感謝的回文等「正面回文」也很多，其比例大概是一比十吧。

相對於一個「負面回文」，就會有十倍的「正面回文」出現，這是我發布資訊十九年來實際觀察到的感受。有人會表達負面意見，不過歡迎、聲援、期待我貼文的人可是前者的十倍，為什麼你要無視支持你的那十個人，只注意留負面回覆的那一個人，並拘泥成這樣呢？要被所有人喜愛、不受到世界上任何人批評，只有感謝與讚賞，這別說是「網路世界」，在「現實世界」也是不可能的。

相當於給你負面回覆的十倍觀眾正在聲援著你，倘若你去關注這個事實，那麼，在社群網站上發文完完全全會使你快樂的。

【發布資訊的精髓5】每天發布

受歡迎的部落客與Youtuber有一個很大的共同點，這也可以說是發布資訊的必勝法吧，那就是每天發布、每天投稿，這是最好的方法。

如果你想要提升社群網站上的回應頻率，請每天發文。每天發文，讀者與粉絲會開心，與讀者間的關聯性就會變得非常深厚，讀者也會想著：「我明天也想看這個人的發文」。

你每天都在進行大量的輸入，而為了讓輸入內容定著下來，就必須確實輸出。就這層意義上來說，「每天發文」也是最好的。你只要像呼吸一般，理所當然地輸出與輸入即可，不須要莫名地逞強，也無須感到壓力，就像寫便條紙或是寫筆記那般撰寫在社群網站上就行了。文章內容愈充實，正面回覆就會愈多，你的追蹤人數也會逐漸增加。

每天發文，得以使你的輸出能力急遽提升，確實自我成長。你也會被讀者或追蹤者感謝，一切都將開始順利進行。

縱使我說明至此，大多數人依舊會認為「我自己沒辦法」，更何況是「每天發文，怎麼可能做得到」。認為「自己才沒有辦法寫文章」的人應該也不少吧！的確，要寫長篇原稿很辛苦，不過，如果只是一百四十個字左右呢？

推特是發布資訊初學者也能輕易上手的社群網站，可以匿名申請帳號，不需要「露臉、實名登記」，即可輕鬆開始使用。我想，已經有推特帳號的人鐵定很多才對。

等讀完書之後，試著將感想發文到推特上吧。在推特上發文最多只能打一百四十個字，因此你要用「少於一百四十個字來撰寫書的感想」。如此嘗試之後，你會發現其實這並不簡單，就連認為「自己無法寫文章的人」也馬上就會寫超過一百四十個字。換言之，你必須將感想彙整至一百四十個字以下，試著整理書的大綱，統整自己的感想。不在寫文章上下點苦心，你根本無法用少於一百四十個字就完美表達自己的想法。一開始寫得很糟也無妨，總之，去重複「讀完書以後將感想發到推特」的動作吧！你的彙整、概要能力會明顯進步。

「整理為一百四十字」的這個作業是稍微有點難的，也就是說，這是個「微困難」的狀態，大腦會受到良好的刺激，促進自我成長。這麼做一開始或許會很辛苦，不過等到你能順利書寫之後，就會變得很開心，每天持續下去了。

【發布資訊的精髓 6】限制時間

經常會有人說：「我很想發布資訊，只是太忙了才做不到」就是這種人才會一整天花好幾個小時玩手機。若輸出時間不夠，請削減輸入的時間，如此一來，就能輕易空出時間了。

你是減少了輸入的時間沒錯，卻因此增加了輸出，促進輸入與輸出的循環，大幅度改善輸入的質與量，最終會達成相當於過去好幾倍的輸入，所以無須擔心。

有時候我會遇到「每天花兩、三個小時發行網路雜誌」的人，他們非常有幹勁，不過這樣是無法持續下去的，還是停止比較好。發布資訊所花的時間要限制在「一天一小時」左右，大多數人都認為「只要花很多時間，就能寫出好文章」，這可是大錯特錯。即便時間短暫，集中精神去寫依舊可以寫出好貼文、好文章。

我每天只會用一小時更新臉書、網路雜誌與 Youtube，正因為我設定成一小時，才能花一小時完事，如果沒有下定決心，就會磨磨蹭蹭地花好幾個小時吧。

為了在一小時內完成，你會產生緊張感，不過只要稍加練習就能夠做到的。一旦你心想「要充分使用時間」、「就算花時間也莫可奈何」，那麼，你就會花上好幾個小時。

勉強自己是絕對無法長久的，而沒有堅持下去就得不到發布資訊的效果，做了也毫無意義。別過於努力，每天控制好時間，在同一時間孜孜不倦地做，這才是大腦會最開心、也最有效果的方法。

【超級輸出學習法步驟3】
靠打造體系加速成長——「成為講師」

只要「成為講師」，努力就會得到好幾倍的回饋！

「成為講師」聽起來感覺十分困難。

「成為講師」意味著從「被人指導」一百八十度轉變為「指導他人」的立場，你會得到偌大的好處，同時感受到壓力，換句話說，這正是「微困難」狀態，會有絕佳的學習效果。正因如此，我希望你能勇於挑戰，提升至成為講師的等級。

具體來說，「成為講師」有什麼好處呢？

你很輕易便能留下記憶，藉由將知識轉為體系，你得以創造個人風格，說話與報告的方式會急速進步，更會受人尊敬、感謝，在各種場合被稱為「講師」。你會有演講的收入，也會有人找你出書，就連能上電視與媒體採訪的機會也跟著到來……。我只是簡單整理而已，成為講師，即可得到這麼多好處。

想成為講師，你須要非常努力學習，而這些努力會成為好幾倍的結果確實回饋到你身上，這就是所謂的「成為講師」。

打造體系會使人成長

所謂的「成為講師」即是「指導他人」，為了指導他人，你須要將知識「轉為體系」。聽到「轉為體系」大家可能會覺得這等級太高，自己做不到，不過「舉辦研討會或是演講」本身就是在「轉為體系」。

整理自己的體驗或知識，重新構築為他人好理解的模式，將之傳達出去，這就是轉為體系，而在舉辦研討會或是演講時，這個作業是不可或缺的。

縱使只是用相同的教科書教學，你也要添加「自己的體驗」、「自己的經驗」、「自己的體悟」，重新構築為個人風格。將自己視為主角，再次打造成一個「故事」，這便是轉為體系。倘若其中沒有添加「自己的體驗、經驗或體悟」，那讓人工智慧當講師還比較好吧。

或許不少人會心想「成為講師」就是在數十人或數百人面前談話，其實，只是傳達知識給五個人的公司內部讀書會也是同樣的意思。製作資料、摘要與投影片的過程，便是「轉為體系」的流程。

你只要去嘗試過一次這種作業就會明白了，首先，你的大腦會迅速整理資訊，明確區分出自己理解不清楚的或知識不足的部分。接著，你必須要補強這些。等到針對這些部分學習後，你就會有顯著的成長，這也是「無知之知學習法」呢！

在使用既有的教科書授課時通常都會加入一些個人經驗，因此這同樣是在構築「自我風格」。添加自己的經驗，使「學習」完全變成自己的所有物便是「離」的境界。

在「轉為體系」的一開始你會感到很辛苦，不過這是很「快樂」的作業。你自己至今為止所做的事情會被彙整為一個「形體」，甚至，你還能向許多人傳達自己的體驗、經驗，幫上他人的忙。

因此，我希望你去挑戰轉為體系，提升至「教導他人」的講師階段。如此一來，你鐵定會強烈感受到自我成長。

花一個月，不論是誰皆可成為講師的方法！

大家都會說「我沒有辦法成為講師」，然而，只要花一個月，其實任誰都可以成為講師。首先，請安排在今天開始的一個月後去借一間十人的會議室，並在臉書上宣布「在〇月〇日要舉行〇〇研討會」，之後，你只須拼命地找人就好，這麼一來，你也開始成為獨當一面的講師了。這並不是開玩笑，無論是誰，第一步都是像這種感覺的。

剛開始只有十個人也沒關係，試著舉辦小規模的研討會或學習會吧。你的參加者或許主要是自己的朋友或認識的人，不過那樣也無妨。如果你有在社群網站上確實發布資訊，與你在社群網站上是朋友的人，一定會來幾個的。

觀眾僅有五人、十人也行，請累積在他人面前說話的經驗，這是個很好的學習，任誰都能感受得出來。

倘若你的目的是「學習」，那參加者的人數根本無所謂，有十位參加者跟一百位參

加者的準備時間都是相同的。你同樣都要盡情學習，做好周全的準備，促使自己飛快進步。

之後，你一定要聽參加者的感想。在請參加者寫問卷的同時，也要直接問他們感想，這就是回饋。你的「講課」哪裡好、哪裡不好？你要延伸好的、修正不好的，這樣你的研討會或演講就會急速進步。

成為講師，會讓你的「彙整能力」、「說話能力」、「傳達能力」、「溝通能力」以及「對自己的自信」猛烈提升。

輸入、輸出、回饋，接著繼續輸入。在成為講師、擴大輸入輸出螺旋梯半徑的同時，這個循環也一步步開始運轉起來。

【超級輸出學習法步驟 4】盤點自己的體驗——「出版」

我每年會持續出版二到三本書的原因

我每年都會出版二到三本書，而談到這話題就會有人說：「真厲害啊，為什麼您能夠做到這種事呢？」

其答案在於「我每年都會出版二到三本書」。

「這根本不成理由啊！」或許你會這麼覺得，不過這就是原因所在。

所謂的出版可是轉換成體系的最終極方式，你會竭盡全力將你腦中的資訊、知識、體驗、經驗、技巧、想法等整理成一本書，這要耗費龐大的時間，也是極為辛苦的作業。

不過，只要出版成書，你就會非常安心。你的知識與經驗全部濃縮在書本這個「有形體的物品」中，換句話說，「你就算忘記了也無所謂」。實際上，你也是會忘記的。就好比在大掃除之後家中產生了空間一般，藉由終極的「盤點」作業——出版，你的腦中就會馬上清出寬闊的空間了。

就像只要使用電腦兩、三年，數據容量就會爆滿，速度也開始慢下來，變得很難使用。不過，在買了新電腦以後，會有很大的空間容量，速度自然也快速提升。

所謂的「出版」簡直就像是換購新電腦一般，你會實際感受到你的大腦產生了「空間容量」，可以活絡地將新資訊輸入進去，大腦作業的速度也加快了。反之，沒有寫過書的人腦中就彷彿是老舊電腦般的狀態，儘管塞滿了大量的資訊和知識，也是雜亂無章的。你要整理這些資訊並全部移動到外接硬碟，從電腦中刪除，這個作業就相當於「出版」。

換句話說，只要寫書「盤點」完以後，你的腦中就會出現能撰寫一本書的容量。因此，我之所以能夠每年出版二到三本書，正是因為我會出版書籍，持續打造腦內空間容量的緣故。

我已經闡述過要你反覆輸入與輸出，像爬螺旋梯一般地登上自我成長的階梯。

比起「在網路上發布資訊」、「成為講師教導他人」，出書會遠遠讓你的輸入、輸出資訊量抽屜變得更寬更廣，就結果而言，你也會有大幅度的自我成長。寫書，會讓人大為成長。

這是「超級輸出學習法」的最終階段，最終極的輸出即是「出版」。

以出版的階段為目標！

大多數人應該都覺得「我是有想過要出書，不過我做不到」對吧？現階段而言你或許不可能，不過只要一直爬上本書所撰寫的輸入輸出螺旋梯頂端，「出版」就會在那裡等著你。

我掌管著「Web心理塾」，主要以想成為講師、作家的人為取向舉辦學習會，而我已經培育出超過五十名以上的作家，說到「Web心理塾」學生所出版的書籍，光我手邊有的就超過兩百本。

「Web心理塾」每年都會舉辦名為「出版企畫書比賽」的活動，這是個出版試鏡會，大家要在將近十名編輯前發表企畫書，只要被選上，就能夠得到出版的機會。以該活動為契機，每次出版社都會選出五到十名左右的作家。

這些人在當初加入「Web心理塾」時全部都是「普通人」，不過藉由發布資訊、成為講師定期舉辦研討會讓自己有顯著的自我成長，等到兩、三年後，他們就達到了出版的境界，我已經看過好幾十名這樣的學生了。

我究竟想要表達什麼呢？那就是只要發布對多數人有益的資訊並實際讓多數人感到喜悅，出版的機會自然就會到來。

我並沒有說「誰都能夠出書」，不過反覆輸入與輸出，爬上自我成長的階梯後，你的出書機率確實會提升，也能吸引到出版的機會。

我想，只要是愛讀書的人，都有著「總有一天自己也想出書」的夢想，這並非不可能，若確實執行本書所寫的「非無謂學習法」，你的努力就不會白費。

確實執行輸入與輸出，自己也能夠出書！這麼一想，你每天學習的動力就會猛烈提升了吧。

第 7 章

「無法持續」的現狀 就靠這樣克服！

──精神科醫師的「持續十年學習法」

只要持續即可達到專家的層級——「持續十年學習法」

持續下去，就不會輸給任何人

「持續」是一件非常重要的事。如果你好不容易開始的學習在中途放棄了，就會變成白費功夫。這不僅限於學習，每個人鐵定都有著「想持續下去」，卻一直「無法持續」、「持續不了」的煩惱吧。

最近常有人對我說：「樺澤先生還真是厲害」，其實我只是個非常平凡的人，幾乎沒有什麼會讓人誇獎的能力，如果我真有比他人還優秀之處，那就是「持續力」吧。

我持續發布資訊十九年了。網路雜誌是從二〇〇四年開始，尤其是從二〇〇六年起的十一年來，我幾乎每天都會發布。臉書也基本上是每天更新，連續六年。Youtube同樣幾乎天天更新，持續三年，至於經營「Web心理塾」和每個月舉辦研討會，已經持續八年了。就連私人生活亦然，八年來我每週都會做一次血流阻斷訓練，六年來則是每週做一次有氧健身操。

這些就是我持續至今的事情，每一項都是現在依舊繼續進行的。如果各位覺得我現在所擁有的能力很「厲害」，其實這也不過是因為我持續了十年以上，才將我原本極為平凡的能力「磨練成卓越的能力」而已。

只要持續十年，無論是再怎麼平凡的人，也能夠達到相當的水準。堅持十年，你也可以達到讓他人刮目相看的專家層級。所以，就努力十年吧！這便是「持續十年學習法」。

能夠不放棄眾多事物、堅持下去的精髓，就讓我在本章告訴你。

【持續十年學習法 1】禁止說「持續下去吧」！──「活在當下學習法」

持續下去的最大訣竅在於「當下努力」

我就來告訴各位能夠「持續下去」的「最終極奧義」吧。

那就是……不要去想「要持續」。

你或許會覺得這個方法出乎你的期待，不過這就是一切。

我雖然前面寫到我現在依舊持續在做這些事，不過，我一次都沒有想過我要「堅持」去做。我並沒有說謊，這是毫無虛偽的真實心情。我從來就沒有想過「我要持續發布網路雜誌五年」、「我要持續在 Youtube 上傳影片三年」。

所謂的「持續」就是預測未來並想像。

例如，你制定了「要在三個月內減肥五公斤，所以要限制飲食」的目標，這三個月你都得和自己的食欲奮鬥，無法吃想吃的食物，光想就覺得這一點也不快樂，你會被「痛苦」的情緒控制，心情也會很沮喪。因此，你無法持續。大腦會分泌多巴胺等腦內物質去協助「快樂」的事情成功，面對「痛苦」的事情則會分泌壓力賀爾蒙，使你斷然放棄。因此，「痛苦的目標」是絕對無法持續下去的。

我只會判斷「現在要做、還是不做」。當我要去健身房時，有時也會遇到身體狀況有點不好，沒有幹勁的日子。此時，我會詢問自己：「今天要去嗎？還是不去呢？」要求自己判斷。「今天雖然狀況不太好，不過做完訓練後心情就會舒爽起來，果然還是該去！」

如果我這麼想，最後我就會去。「現在去做」、「今天去做」，只要你一次次這麼決定，反覆三百六十五次就會「持續一年」，反覆三千六百五十次則代表「持續十年」。

「持續」並非未來，只不過是「過去的結果」。當你想要「持續下去」而去思考未來時，在精神上就會造成負擔。不過，倘若想著「我只要做今天一天就好！」，那可就輕鬆了。

總之，就只做今天。現在，我要盡全力做。

我將此行為稱之為「當下努力」。我的座右銘是「活在當下」，而「活在當下」的意思，便是「當下努力」、「在當下的這一個瞬間全力以赴」。「活在當下」是通往幸福的捷徑，反之，「活在未來」就會感到不安。將來會變成怎麼樣呢？要是失敗的話怎麼辦……。

來精神科的患者幾乎都活在未來，自己生成不安。他們光想著：「要是明天狀況變不好該怎麼辦」就開始不安起來，即便我說：「今天你的狀況很好，這樣不就好了嗎」，對方也聽不進去。「活在過去」的人則會情緒低落，當開始心想：「那時候要是怎樣怎樣就好了」、「要是我有怎樣怎樣，就不會變成這樣了」地回顧過去，大多就會後悔。

過去和未來都只是單純的意識問題，既然沒有時光機，人類就只能活在「現在」而已。然而，大多數人都會回首「過去」或思忖「未來」，導致不安、情緒低落、失去幹勁，無法持續下去。

這只是單純的思考方式問題。只集中在「現在」，別去想「到考試為止的這一年我必須要每天學習」，而是「總之，今天我就來學習三小時吧」。明天的事情，明天再思考即可。

「當下努力」、「活在當下」，這就是持續下去的「終極奧義」。

集中在眼前的一瞬間——「冠軍候補力士學習法」

今天是大相撲比賽的第九天，記者訪問了至今為止比賽全勝的大關*。

「還剩下六場比賽，冠軍差不多近在眼前了吧？」

大關回答：「我只想著我下次也要全力以赴而已。」

將全力都集中在眼前的一瞬間，這就是所謂的「當下努力」。大多數的職業運動選手和運動員，都擁有很強的「當下努力」能力。在你不自覺意識到冠軍，想著「還有六

*譯註：相撲力士的階級，為第二高階的稱號。

場比賽」、「必須要繼續打贏下去才行」時，你就會因為雜念而中斷了注意力。想得到冠軍就只能在接下來的比賽也全力以赴，「當下努力」。因此，每個冠軍候補相撲力士都會說：「我只想著我下次也要全力以赴而已」。

如果你也能夠模仿冠軍候補力士，用「我只想著我今天也只要盡全力學習」的思維，即便下星期要考試也不會不安而得以發揮百分之百的實力。

別太過幹勁滿滿，抱持著寬裕的心情面對——「HOBO日刊學習法」

文案寫手糸井重里先生所負責的網站《HOBO日刊糸井新聞》是在一九九八年開始運作的，可以說是日本資訊門戶網的始祖。

當我看見這個「HOBO日刊」的名字時就覺得很優秀。事實上，《HOBO日刊糸井新聞》雖然名字是「HOBO*日刊」，從一九九八年六月六日到現在卻一天也沒有休息過，每天更新。

---

*譯註：原文為ほぼ，在日文的意思代表「幾乎」。

那麼，用「日刊」的名字不就好了嗎？你或許會這麼想，不過，正因為名字是「ＨＯＢＯ日刊」，才能夠「開心持續下去」吧。倘若命名為「日刊」，就必須一年三百六十五天每天更新才行了，如此一來，這便成了「義務」，你會產生強烈的被迫感，做了也不開心。將名字取為「ＨＯＢＯ日刊」後，這種「義務感」與「被迫感」就幾乎都會消失，實在不可思議。

我也是「幾乎每天」會更新網路雜誌、臉書和Youtube。一個月之中我會有一兩天沒有發文，不過這也沒什麼不行的嘛！我就是抱持著這種態度。如果「必須每天更新」會感受到強烈的壓力，一定會有很忙、行程很多的時候，如此一來，就只能減少睡眠時間。又不是說一天沒有公布網路雜誌，就會有人寄抱怨信來，畢竟從一開始就表明會用「ＨＯＢＯ日刊」的模式發行。

結果，這份「寬裕」正是讓你能夠「幾乎每天」發布網路雜誌並「持續十年以上」的原因。要是心想「我一定要每天發行」，發布網路雜誌就會變成一項作業，一旦事情無聊起來，你的動力也會急遽消失。

每天更新臉書或是部落格的人很常會突然對外宣布「不做了」。他們每天太過認真，就會因為突來的反彈而從「一百」變成「零」。

愈是幹勁滿滿地決定「每天一定要做」，愈無法持續下去。

假使以像「ＨＯＢＯ日刊」這般「寬裕」的心態執行，無論是學習、運動、發布資訊、還是任何事情，意外地你都能夠持續下去。

【持續十年學習法２】
停滯會在突破的前一刻發生——「成長指數函數學習法」

「明明這麼努力卻沒有結果」是值得開心的

你是否覺得「只要學習就會得出學習的成果」、「學習的量會與成效成比例」呢？

很可惜，並非如此。

就算學習了也一直看不出成果，這是再自然不過的事。你再多學習一些，依舊沒有成效，等到你拼了命學習後終於有一點點成果了，到了最後的最後，你的成果會猛然展現。換句話說，**努力的量與成果並非「正比」，而是「指數函數」的關係。**

成長是以指數函數的方式產生的，不管是學習、運動、商業上的成長還是商品在社會上廣泛流傳，多數的事物都可以說是以指數函數的方式成長。關於這點究竟有多少學術上的根據至今依然不明，不過補習班講師、運動指導員、商業顧問和大學教授等許多作者的著作中，都有引用「成長會以指數函數的形態出現」之相關圖表，因此，這可以說是眾多指導者與專家有所共鳴的經驗法則吧。

從一直無法成長的狀態變為極速成長的狀態，其交界點又稱為「tipping point」（臨界點），麥爾坎・葛拉威（Gladwell Malcolm）的著作《引爆流行：小事如何產生大變化》（時報出版）解說了商品或流行爆發性成長的機制，書中所提到的「tipping point」一詞也一躍成名。

一個人之所以能打造和好幾百人連結的銷售網路，是因為商品會以指數函數的方式拓展。同樣地，人類腦中的一個神經元會連接大約兩千個神經元，能運用這個網路來學習、記憶，原因在於我們的學習和運動方面的成長為指數函數關係。

知不知道這件事的差別可是很大的。努力與成長會以指數函數的型態產生，換言之，「只要努力到tipping point，在那之後就會有爆發性的成長在等著我們」。大多數人都誤解為努力和成長是成比例的，才會因為「明明都這麼努力了卻完全沒有成果」而不安，動力下降，在達到 tipping point 之前就放棄。

然而，若從指數函數型的成長來看，「明明很努力卻完全沒有結果」就是很理所當然的，倒不如說，努力後就能輕易得出成果比較奇怪。**「明明如此努力卻完全沒有成果」，正是你在順利成長的證據！**某天，你就會突然間有所突破。總之，你要努力到 tipping point，換句話說，tipping point 即是「突破點」，一旦跨越了就等同於你會有所突破。

倘若你心想「明明都這麼努力了卻沒有成果」，請回想起這個理論——「成長會以指數函數的方式產生」，這代表你離「突破」就只差一步了。

【持續十年學習法 3】
感到痛苦之際，出口就近在眼前——「無盡隧道學習法」

沒有得出成果才代表走在計畫上

當你每天都在學習卻一丁點兒也沒有察覺到成效時，你就會心想：「這個方法真的是正確的嗎」、「照這樣一直持續下去，一切會不會只是徒勞」彷彿在看不見出口的隧道中行走一般，極度不安起來。

不過，正如同我前面所述，成長是個指數函數，很少一下子就會感受到成效，一直沒有成果才是正常的。正因為是指數函數，一開始處於「明明這麼努力卻一點成效也沒有」的狀態才很自然。

當你處於這種狀態時，大多時候，你已經來到了離出口處很近的地方，當來到了出口的前面，卻在那裡放棄、退出，至今為止的努力全部白費，這實在太可惜了吧。

只要你有意識到「指數函數成長」，那麼，你就會理解「明明這麼努力卻一點成效也沒有」其實是「照著預定計畫成長中」。

就假設有個女性的目標是「三個月要減肥三公斤」並開始減肥。她說：「我這一個月拼了老命減肥，結果完全沒有成效！我好不容易才減掉兩百公克」就算他人說：「很厲害啊，這不是減掉了兩百公克嘛」本人也完全不滿足。

開始減肥的最初一個月幾乎沒有效果很正常，一般而言「在第一個月不會有顯著的減肥效果」，倒不如說能夠減掉兩百公克本身就是減肥大成功了。只要再持續一個月，就可以順利減掉一公斤吧。然而，多數人在這個狀態下就會放棄減肥了。明明減肥正順利，卻因為「無盡隧道效果」而喪失幹勁。

「都沒有結果，我已經想放棄了！」如果你是這麼想的，那麼，這就是你即將穿越隧道的信號。要不再試著努力一下看看呢？

【持續十年學習法 4】跨越兩道難關──「一、三、十二個月學習法」

有效活用人類擁有的兩個動力吧

想要消除「無盡隧道」的不安，該怎麼做才好呢？你只要知道「隧道的長度」即可。眼前看似是個會一直延伸下去的長隧道，不過，假使你知道這個隧道總共長一千公尺，現在都已經來到了九百公尺處，不會有人在此折返吧？與其在九百公尺處折返，鐵定是忍耐著走完剩下的一百公尺比較好。一旦知道了隧道的長度，就算是極度昏暗、痛苦的隧道，要堅持走到出口也就沒有那麼困難了。

不論是學習、練習、還是排練等等，當你要開始做某件事情時，都會存在著兩個隧道（難關）。

那就是「第一個月」與「第三個月」，跨越了這兩道難關後，你就會想辦法堅持到「第十二個月」了。

許多減肥的人努力不到一個月就會感到挫折，倘若克服了這個門檻，你就會想盡辦法努力到第三個月。不過，到了第三個月，無論如何都無法持續下去而脫隊的人就會增加。跨越第三個月之後，飲食和運動都會成為習慣，讓你能夠堅持到第十二個月。

若以腦科學來分析，可以用「去甲基腎上腺素動力」與「多巴胺動力」來說明。人類會有兩種動力，其一是能夠克服辛苦的事情，當你在被逼迫時會發揮力量的「去甲基腎上腺素動力」，以及人稱報酬系統，會以成果和報酬為目的一面享受而努力的「多巴胺動力」。

縱使遇到很痛苦的事，人類依舊可以努力一個月左右，例如在公司的商品交期在即，你每天加班持續了一個月，有時候還熬夜工作。不過，因此罹患「憂鬱症」的人並沒有那麼多。就算是被極為嚴酷的狀況給逼迫，一個月左右還是可以努力下去的，這都是多虧了在人類被逼到逆境時會分泌的去甲基腎上腺素所賜，換言之，這是「去甲基腎上腺素動力」所引起的。

不過，慢性的壓力和長期壓力會使去甲基腎上腺素與名為血清素的神經傳導物質減少，當這些物質陷入枯竭狀態時，就會導致憂鬱症。

日本的血清素研究第一人有田秀穗先生在著作《用血清素與眼淚消解壓力》（橡樹林）中闡述，若持續去做會讓血清神經衰弱的生活習慣，大概三個月左右這種衰弱狀態就會定型，也就是說，壓力會讓症狀定型下來的期限標準為「三個月」。

如果只是短時間，人類還可以努力去做「痛苦」、「不開心」的事。然而，當期限超過了三個月，腦內的壓力和對大腦的傷害就會定型，無法輕易回到原本的狀態。因此，要靠「去甲基腎上腺素動力」去做「痛苦」、「不開心」的事，三個月就是極限。

不過，還是有能夠堅持超過三個月的人，其不同處，就在於「多巴胺動力」。

找出現在所做的學習與練習有何「開心之處」，縱使只有一丁點也好，只要給予大腦成果或進步這些「報酬」，就會成為能夠持續下去的動力。

換句話說，隧道的長度為「一個月」和「三個月」，要是能通過這兩個隧道，往後你就有可能長期堅持下去。所以，你要先努力去克服這「一個月」和「三個月」的隧道。為此，你得將「痛苦」轉為「快樂」。給予自己獎賞（報酬）吧！其具體方法，我已經在第二章的「大腦快樂學習法」之中說明過了。

【持續十年學習法5】
注意一年、三年、十年的分界點——「一、三、十年學習法」

成為專家須要一萬個小時！

然而，當你要向稍微大規模一點的事物挑戰時，很難只花「三個月」就得出成果。像是練習鋼琴、熟練籃球、學習特殊技能、身為醫師的修練等等，你必須要有所意識，這是條較為長期的隧道。

這個隧道，會以一年、三年、十年為分界點。

一名國中一年級的女學生加入了籃球社，只要持續練習一年，她就會習得一輪如運球、傳球、射籃等基本技術。從第二年左右開始，她會參與團隊內的對抗賽，累積實戰經驗，等到升上三年級，她就能夠參加校外比賽。從國中畢業後，倘若她一直打籃球到高中、大學，她的技術鐵定會變得非常優秀。這樣算起來，就是「十年」了。

成為精神科醫師之後要花幾年才能夠獨當一面呢？這也可以用「一、三、十年學習法」法則來說明。在最初的第一年，醫師會學習藥物名稱與效果、藥物療法的基礎以及與患者的對應和諮詢等基礎（守階段）。然而，這些只不過是必須要知道的最低限度知識罷了，這種狀態就像從駕訓班結業後拿到駕照上路——這就是精神科醫師的第一年。

只要再累積兩年左右的經驗，醫師就會經手各種案例（破階段），能夠處理多種疾病和同一種疾病的不同症狀，不出現重大失誤，總會有辦法治療，這便是第三年的階段。不過，以一名能夠獨當一面的精神科醫師來說，這在知識和經驗上依舊不足。

究竟要到第幾年才會成為有能力獨立作業的精神科醫師呢？大概第十年左右吧。如果是有十年經驗的精神科醫師，就算只有一個人在醫院裡值勤，也可以毫無問題地處理大多數案例，畢竟善用自己個性與經驗、發揮個人風格的治療模式也已經定型了（離階段），這就是所謂的第十年。

一年意指學習最低限度基礎的期間。正如同先前所述，只要在去美國留學之前拼命學習一年英語會話，就能夠講最低限度的英語。要在加入籃球社的第一年就精通一切，那可是會讓人瞠目結舌的。

所謂三年就好比「石頭上也要坐三年」*這句諺語，想要持續學習，這是個很重要的期限。在「國中三年」或「高中三年」間，無論是學習還是社團，只要集中精神在一件事情上，就可以得到相當的成效。每天學習或練習三小時，一年、三年、十年就分別會是一千小時、三千小時和一萬小時。

在麥爾坎・葛拉威爾（Malcolm Gladwell）的著作《異數：超凡與平凡的界線在哪裡？》（時報出版）中，就有提倡「一萬個小時法則」，想成為專家，必須要花大約一萬個小時修練。正在第一線活躍的專家們可說是持續學習或練習了一萬個小時左右，付出了漫長的時間。

花一年可以學會基礎，花三年能夠大略學會所有內容，而花十年，就會成為專家。

＊ 譯註：意指再冷的石頭，連續坐在上面三年也是會變暖，等同於中文的「有志者事竟成」。

這便是「一、三、十年法則」，「守」、「破」、「離」也幾乎可以對應在此期限上。

這個「一、三、十年」，是我希望你在感到痛苦時能夠回想起來的數字。這並非你的目標數字，如果從一開始便想著「要持續三年」，你就會陷入「還有兩年六個月」這種負面思考當中。當你到了第六個月感到很痛苦時，只要正面去想：「再六個月我就能夠學會基礎了！」對維持你的動力就會大有幫助。

【持續十年學習法6】
只要持續十年，夢想一定會實現——「十年突破學習法」

學習是為了十年後的自己儲蓄

最近我在撰寫書籍時，常深切地想著，十年前我所閱讀的書正栩栩如生地活著！這些書中精華已經完全滲進我的身體內，打造了現在的我。有時靈光一閃的構想會和我以前讀過的書籍有關，在引用書籍時亦然，明明只是十年前讀過一次，該小節的內容依舊會鮮明地浮現在腦海。

有些人會說「讀書也沒有效」、「學習也沒有效」，我想是因為你做這些事的時間太短了吧。以「一、三、十年法則」來說，如果你沒有至少執行個一年，是不會有顯著效果的。倘若你持續做十年，那就會確實得出成效。

現在我能夠以每年二到三本的步調寫書，是因為我從二十幾歲起每個月都會看二十到三十本書，不斷累積閱讀的量。這種「學習」習慣一旦累積「十年」，在該領域中，你就會進入他人望塵莫及的境界，這既是「一萬個小時法則」，也是「十年法則」。

我們的學習，是為了十年後的自己「儲蓄」。

現今在公司與社會上活躍的人，就是十年前不怠惰學習，累積了許多基礎能力並得出成果的人，而努力了十年的人，可以實現自己的夢想。

在我還是大學生，也就是一九八四年左右，我曾認真想過「我也想要出書！」，並從那時候起幾乎每天都會花數個小時撰寫文章。我第一次出版著作是在二〇〇二年，換句話說，我花了十八年。假設我一天寫兩個小時，在那段期間，我花在寫作上的時間就是一萬三千個小時。

確實，只要累積十年與一萬個小時的經驗值，就能實現相當偉大的夢想。十年看似很漫長，不過你只要去經歷看看，就會發現不過是轉瞬間的事。我「幾乎每天」都會發布網路雜誌，持續了十年以上，然而剛開始發布網路雜誌的那一天，對我來說彷彿就像不久前的事一般。

假使你覺得現在的自己很讓人「灰心喪志」，那是因為十年前你沒有進行「學習」這個儲蓄的行為。

讀了「十年突破法則」後，可能會有很多人心想：「這種事情我才做不到」、「十年實在太難了」不，你絕對不可能做不到，「十年突破法則」是保證你可以成功的法則。即便我說：「只要努力十年就能實現夢想」百分之九十九的人依舊會覺得「這種事情我才做不到」，能夠「堅持十年的人」不到百分之一。

展現學習的真正效果是需要時間的，只是大多數人都還沒感受到學習與努力的成效就選擇中途放棄。換言之，倘若你下定決心要「努力十年」，在那個瞬間，你就等於實現了夢想。原因在於你幾乎沒有競爭對手。我剛才說了百分之一，搞不好實際上只有百分之零點一，甚至更少。

要做，還是不要做？就只是這樣而己。

【持續十年學習法7】擁有一起成長的夥伴──「別一個人學習法」

只要有夥伴，不可能也會化為可能

縱使我說「要持續十年」，百分之九十九的人也會認為「自己做不到」。這句話並非完全錯誤，不過正確來說，應該是「靠自己一個人做不到」，沒有那種只靠自己就可以努力十年的人吧？

你須要有像老師那樣指導你的人，如妻子或丈夫一般協助你的人，亦或是公司裡的夥伴。只要有志同道合的夥伴，你就能夠「持續」三年、十年了。

想要「持續下去」，最終的法則即是「不要一個人去做」。和志向宏大、能夠一同共享「夢想」的夥伴一起努力，便能輕易把「痛苦」轉為「快樂」。

我從二〇〇九年開始為了那些「以成為講師、作家為目標」的人經營「Web心理塾」，發現學生的活躍實在相當驚人，有半數以上的人已經成為講師，有出書的人則超過五十人以上。他們理所當然地克服了擔任講師、出書這個難題，甚至還有人成為銷售量超過十萬冊的暢銷作家與成立協會的成功人士。此外，有學生成功地讓來店的客人增加為兩倍，也有學生身為公司經營者讓年營業額提升兩倍。

他們的活躍證明了本書所寫的技巧是正確的——「和夥伴一同成長，反覆輸入與輸出，必定會得出成果」。八年前，包含我的全部成員或許都只是「一盤散沙」，不過，有了「一同成長的夥伴」後人人都可以「持續下去」，朝正確的方向付出必要的努力，如此一來，「成功」鐵定會在未來等著你。

首先，要找出夥伴。接著，和夥伴互相幫助，一同學習、練習和努力下去。

縱使只靠一人做不到，只要有夥伴在，也能將不可能化為可能。

後記

「輸出的人」就是「成功的人」

本書名為《精神科醫師的輸入與輸出學習法》，因此我著重在「不做白工」與「只要做就一定會有成效」這兩個重點上，以最新的研究為本，介紹了有腦科學與心理學根據的學習法。一言以蔽之，就是「輸出」。

雖然市面上早已有撰寫關於「輸出重要性」的學習法書籍，不過我想，目前為止應該沒有其他書像本書這般斷言「輸入為前戲，輸出為壓軸」吧。

近來的腦科學研究中已經出現了許多證實「輸出效果」的數據，此外，日本的學校教育也採用了「主動學習」等方式，往後，「以輸出為主的學習法最為有效」會逐漸成為學習法的常識吧。

話雖如此，日本人大多都不擅長表達自我或是說出自己的意見，不熟悉「輸出」，故而，既然大家都不做，願意執行輸出學習法的人就會是贏家。

日後會有許多外國人造訪日本，除了觀光客以外，在職場或商業合作上遇到外國人的機會也會增加。在與擅長輸出的外國人對等相處的這層意義上，「輸出的人」鐵定也會成為「成功的人」。最重要的是，只要你願意嘗試就會了解，一旦進行輸出，周遭人們對你的評價就會上升，你也會被他人感謝，執行起來讓人非常愉快。

當你將學習很「痛苦」的印象轉換為「快樂」的瞬間，大腦的油門便會全開，開始活動，這就是你大腦現在的狀態。之後，你只要將輸出型學習轉變為習慣即可。三個月後，十二個月後，接著是三年後、十年後，你鐵定會實際感受到自己的顯著成長。此外，你會發現自己正在實踐「非無謂學習法」，並打從心底覺得這實在是太好了。

身為精神科醫師的我撰寫這本「學習書」的原因

輸出就是我的人生。

本書所介紹的輸出主軸學習法是我每天的生活習慣，也是我的生活方式、生存方式。

我身為精神科醫師有一個使命，那就是「減少日本人自殺與罹患憂鬱症的人數」。

不只是精神病患，我在進行活動的基礎是「縱使只有一個人，我也想減少因疾病而感到痛苦的人」。

「這種不知天高地厚的事要怎麼做到啊！」或許很多人會這麼想，不過，我的策略其實很簡單，即是推廣健康、疾病的正確知識，在罹患疾病之前先「預防」。罹患疾病的患者在患病之前，多半都是對疾病完全不關心的人。因此，一旦患病了，這些人就會非常焦躁不安。

有時，我也會給病患關於疾病的簡易說明手冊，與該疾病有關的「常見問題」答案全部都寫在上面了，然而，百分之九十九的病患都不會去讀這個小冊子。說到為什麼不讀，原因就在於大家平時沒有閱讀或學習的習慣。平時完全沒在看書的人在狀態不好的情況下，更不可能會去閱讀。平常就對健康或預防疾病高度關心的人，則會去學習預防疾病的方法。他們也很關注健康資訊並注重飲食、運動與睡眠。結果，這些人能夠大幅降低患病的機率。

知識，預防了疾病。

我深信，鐵定可以用健康與預防疾病的相關知識來預防疾病。因此，為了將這些健康或疾病的知識盡可能讓多一個人知道也好，我才幾乎每天都會更新 Youtube 影片，也幾乎每天都會發布網路雜誌。藉由養成學習的習慣來改變現實、自我成長、使自己變幸福的同時，也能得到「健康」這無可取代的至寶。

為了盡可能將有關於健康的資訊與預防疾病的知識、治病的方法讓更多人知道，我希望即便只是多一位日本人也好，也能養成學習的習慣。這就是身為精神科醫生的我撰寫「學習法」書籍的真正原因。

如果本書能讓各位將學習視為理所當然的生活習慣，提升對健康與預防疾病的關注並盡可能減少患病的人，身為精神科醫師，沒有比這更幸福的事了。

【主要参考文献】＊順不同

『使える脳の鍛え方　成功する学習の科学』（ピーター・ブラウン、ヘンリー・ローディガー、マーク・マクダニエル著、依田卓巳訳、ＮＴＴ出版）

『脳が認める勉強法　「学習の科学」が明かす驚きの真実！』（ベネディクト・キャリー著、花塚恵訳、ダイヤモンド社）

『超一流になるのは才能か努力か？』（アンダース・エリクソン、ロバート・プール著、土方奈美訳、文藝春秋）

『記憶力を強くする　最新脳科学が語る記憶のしくみと鍛え方』（池谷裕二著、講談社）

『受験脳の作り方　脳科学で考える効率的学習法』（池谷裕二著、新潮社）

『脳を活かす勉強法　奇跡の「強化学習」』（茂木健一郎著、ＰＨＰ研究所）

『脳を活かす仕事術　「わかる」を「できる」に変える』（茂木健一郎著、ＰＨＰ研究所）

『図解　大学受験の神様が教える　記憶法大全』（和田秀樹監修、ディスカヴァー・トゥエンティワン）

『なぜ「教えない授業」が学力を伸ばすのか』（山本崇雄著、日経ＢＰ社）

『ティッピング・ポイント　いかにして「小さな変化」が「大きな変化」を生み出すか』（マルコム・グラッドウェル著、高橋啓訳、飛鳥新社）

『天才！　成功する人々の法則』（マルコム・グラッドウェル著、勝間和代訳、講談社）

『思考の整理学』（外山滋比古著、筑摩書房）

『「知」のソフトウェア　情報のインプット&アウトプット』（立花隆著、講談社）

『書くことについて』（スティーヴン・キング著、田村義進訳、小学館）

Dale, Edgar.（1946）The "Cone of Experience", Audio-Visual Methods in Teaching. NY: Dryden Press.

『脳からストレスを消す技術』（有田秀穂著、サンマーク出版）

『脳を最適化すれば能力は2倍になる　仕事の精度と速度を脳科学的にあげる方法』（樺沢紫苑著、文響社）

『読んだら忘れない読書術』（樺沢紫苑著、サンマーク出版）

『覚えない記憶術』（樺沢紫苑著、サンマーク出版）

國家圖書館出版品預行編目資料

精神科醫師的輸入與輸出學習法 / 樺澤紫苑著 ; 郭子菱譯 .
-- 初版 . -- 臺中市 : 晨星 , 2020.04
面 ;　公分 . --（勁草生活 ; 469）

譯自 : ムダにならない勉強法

ISBN 978-986-443-981-2 (平裝)

1. 學習方法

521.1　　109001179

勁草生活 469

精神科醫師的輸入與輸出學習法

ムダにならない勉強法

作者	樺澤紫苑
譯者	郭子菱
編輯	王韻絜
封面設計	季曉彤
美術設計	陳柔含
創辦人	陳銘民
發行所	晨星出版有限公司 台中市 407 工業區 30 路 1 號 TEL：(04)23595820　FAX：(04)23550581 行政院新聞局局版台業字第 2500 號
法律顧問	陳思成 律師
初版	西元 2020 年 04 月 20 日
總經銷	知己圖書股份有限公司 106 台北市大安區辛亥路一段 30 號 9 樓 TEL：02-23672044 / 23672047　FAX：02-23635741 407 台中市西屯區工業 30 路 1 號 1 樓 TEL：04-23595819　FAX：04-23595493 E-mail：service@morningstar.com.tw 網路書店 http://www.morningstar.com.tw
訂購專線	02-23672044
郵政劃撥	15060393（知己圖書股份有限公司）
印刷	上好印刷股份有限公司

歡迎掃描 QR CODE
填線上回函

定價 350 **元**

ISBN 978-986-443-981-2